Quando jovens não tinham voz, nem vez

Dados Internacionais de Catalogação na Publicação (CIP)
(Câmara Brasileira do Livro, SP, Brasil)

Miranda, Evaristo Eduardo de
Quando jovens não tinham voz, nem vez : Jesus no conflito de gerações / Evaristo Eduardo de Miranda. – Petrópolis : Vozes, 2013.
Bibliografia
ISBN 978-85-326-4547-0
1. Bíblia. N.T. Evangelhos 2. Jesus Cristo 3. Jovens - Conduta de vida 4. Relações entre gerações 5. Relações familiares 6. Relações interpessoais 7. Vida cristã 8. Vida espiritual I. Título.

13-02338 CDD-259.23

Índices para catálogo sistemático:
1. Evangelização de jovens : Cristianismo 259.23

EVARISTO EDUARDO DE MIRANDA

Quando jovens não tinham voz, nem vez

Jesus no conflito de gerações

EDITORA VOZES

Petrópolis

Rua Frei Luís, 100
25689-900 Petrópolis, RJ
Internet: http://www.vozes.com.br
Brasil

Diretor editorial
Frei Antônio Moser

Editores
Aline dos Santos Carneiro
José Maria da Silva
Lídio Peretti
Marilac Loraine Oleniki

Secretário executivo
João Batista Kreuch

Editoração: Fernando Sergio Olivetti da Rocha
Projeto gráfico: Sheilandre Desenv. Gráfico
Capa: Tânia Maria | acomte
Foto da capa: © anitapeppers / morgueFile

ISBN 978-85-326-4547-0

Editado conforme o novo acordo ortográfico.

Este livro foi composto e impresso pela Editora Vozes Ltda.

Este livro começou em meio às montanhas da Nova Zelândia, incentivado por minha filha Melissa.

E foi concluído em São Paulo, graças às suas revisões e sugestões.

Meus agradecimentos a essa legítima representante da Geração Y.

Sumário

Ele se interessou pelos jovens, 9

1 Um jovem deve estar a serviço dos pais?, 15

2 Qual o lugar dos jovens nas famílias?, 27

3 Os filhos devem honrar os pais?, 35

4 Jovem não se contenta nem com muito?, 41

5 Por que um jovem não deve seguir Jesus?, 55

6 Jesus veio separar pais e filhos?, 63

7 Ô mocinho, quem você pensa que é?, 73

8 Para um jovem, viver é preciso?, 81

9 Como um rebento se torna filho?, 95

10 Amar é envolver ou des-envolver?, 105

11 No caminho do jovem, uma pedra?, 117

12 Quem é o filho amado?, 127

Ele morreu jovem, 133

Referências, 139

Não acabou?, 141

Ele se interessou pelos jovens

Três diferenças sempre existiram entre as pessoas, em todas as sociedades. São as diferenças entre homens e mulheres, autóctones e estrangeiros, e entre adultos e jovens. Nunca houve sociedade, primitiva ou moderna, em que elas não existissem. Às vezes, essas diferenças se transformam em desigualdades ou até em discriminação. Nem sempre. Existem outras diferenças entre as pessoas. Várias delas são até recorrentes entre várias sociedades, mas só estas três são universais: sexo, nacionalidade e idade.

Na Bíblia, há dois mil anos atrás, os relatos dos evangelistas mostram Jesus envolvendo-se com a situação das mulheres, dos estrangeiros e dos jovens. Não para negar essas diferenças, nem para reivindicar uma política afirmativa de cotas, direitos minoritários etc. Ele intervia para que essas diferenças fossem fonte de riqueza, crescimento e diversidade. E não de opressão.

Mulheres

No tempo de Jesus, numa Palestina absolutamente patriarcal e ocupada por invasores romanos, a situação dos homens era muito superior à das mulheres. O tratamento e o lugar reservado por Jesus às mulheres em sua comunidade foram muito surpreendentes para sua época. As mulheres constituíram um grupo tão importante entre seus discípulos e foram protagonistas de tantos episódios nos evangelhos que racionalistas ateus do século XIX disseram: o cristianismo era uma *invenção de mulheres*. Elas foram as primeiras a quem se revelou o Jesus ressuscitado.

Estrangeiros

Os hebreus tratavam os *goims*, os estrangeiros, de subalternos e gentios. Sua posição na sociedade israelita era inferior e definida de forma religiosa. Os hebreus eram os escolhidos celestes. Eles se consideravam "o" povo e "a" nação eleita. Disso resultava sua identidade nacional. Os pagãos gentios eram vistos frequentemente como uma ameaça, repletos de impurezas e impiedade. E ainda por cima tinham belas e sedutoras mulheres e deuses tão cativantes. Apesar das proibições de casamentos e envolvimentos com esses estrangeiros, inscritas no coração da Lei, da Torá... Do patriarca Judá a Salomão, e até os dias de hoje, reis, plebeus e até profetas se casaram e ofereceram suas oferendas a mocinhas e deusas estrangeiras.

Jesus foi educado nessa visão religiosa, discriminatória do estrangeiro. Ao longo de sua missão, sua mensagem ultrapassou a perspectiva do judaísmo e foi além das cercas e muros de tribos, etnias e nações. No final de sua curta vida, Jesus dirigiu-se a cananitas, romanos, líbios, gregos etc. Ele combateu a xenofobia. Sua

Boa-nova destinava-se à humanidade, ao mundo e ao cosmos, um termo tão presente na Bíblia. Na Carta aos Gálatas, o apóstolo São Paulo expressou essa enorme contribuição do cristianismo às sociedades ocidentais: o valor supremo da igualdade da pessoa humana. "Não há judeu nem grego, não há escravo nem livre, não há homem nem mulher; todos vós sois um só em Cristo Jesus" (Gl 3,28).

Jovens

E quanto ao "conflito de gerações"? O que relata cada um dos quatro livros dos apóstolos Mateus, Marcos, Lucas e João, incluídos no Novo Testamento, sobre as relações entre jovens, adultos e idosos?

Os evangelhos, ao narrarem a vida, a mensagem e a ressurreição de Jesus, mostram que Ele se interessou muito pelos jovens e pelos adolescentes. Aparentemente, muito mais que pelos idosos, sobre os quais não há praticamente nenhuma referência ou relato em seu ministério. Em diversas ocasiões, passagens e parábolas, Jesus intervém a favor dos jovens, como um advogado, um defensor, um paráclito. Ele questionou seus pais e defendeu a inserção dos jovens na sociedade e na vida. E, sobretudo, sua verdadeira inserção, em si mesmos.

Os redatores dos evangelhos foram homens de seu tempo. Seus escritos ocorreram dezenas de anos após a vida de Jesus e privilegiaram os adultos, machos. Isso acontece mesmo quando as jovens e os jovens são os personagens centrais ou protagonistas. Eles não somente nunca deram nome aos jovens nesses episódios com Jesus, como parecem negar-lhes a voz. E como os jovens não têm nem voz, nem vez, nem nome, os únicos a falar e existir são seus pais, seus vizinhos e seus parentes. Todos adultos.

Os jovens parecem estar mudos e sujeitados na maioria dos relatos evangélicos. Aparecem sem nome e sem voz. São mencionados como o filho da viúva de Naim (Lc 7,11-17), a filha de Jairo (Mt 9,18-26; Mc 5,21-42; Lc 8,40-56), a filha da mulher cananita (Mt 15,21-28; Mc 7,24-30), o filho de um régulo (Jo 4,46-54), o filho epilético (Mt 17,14-21; Mc 9,14-29; Lc 9,37-45), os dois filhos e uma vinha (Mt 21,28-33), um filho deixa a casa paterna (Lc 15,11-32)...

Ao longo dos séculos, as traduções bíblicas, os comentários e as interpretações desses e outros textos evangélicos sobre jovens não foram muito diferentes. Poucas dimensões dos relacionamentos familiares e geracionais envolvidos foram identificadas e exploradas. São análises de adultos, homens. E, muitas vezes, de celibatários convictos. Esses comentaristas não tiveram, nem criaram filhos. Seus escritos destacam dessas passagens evangélicas aspectos éticos e morais relevantes, dimensões religiosas e espirituais na ótica e na ética de pais e de adultos. Tudo bem. Mas, raramente, são lidos na perspectiva de seus principais protagonistas: os jovens.

No tempo dos evangelhos, como sempre e em toda parte, os jovens viviam, sentiam e pensavam de forma diferente dos adultos. Hoje, capazes de multitarefas, eles falam pelo Skype, ao mesmo tempo ouvem música, pesquisam na internet, escrevem um trabalho escolar, respondem e-mails, enviam e recebem torpedos em seus celulares, atualizam seu Facebook, cuidam do blog, compartilham músicas e fotos, acompanham a programação da televisão ao lado e até respondem perguntas do pai, da irmã ou da mãe, enquanto acariciam um gato ou um cachorro. Eles nunca escreveram tanto. E tudo acontece ao mesmo tempo. Quando indagados sobre o que estão fazendo, respondem: – Relaxando.

Este livro é relaxante. Pode ser lido do fim para o começo, do meio para o fim. Em qualquer ordem. Ele não entra em discussões religiosas, doutrinais, metafísicas ou de fé. Os jovens precisam saber: Jesus, hoje, está nas redes sociais, realiza diversas tarefas ao mesmo tempo, participa e organiza comunidades, inspira movimentos, discute sobre o Profeta Jeremias e, como fazem os jovens, relaxa. O Messias não veio. O Messias não está vindo. O Messias não virá. Então, vamos ao seu encontro.

Os doze episódios aqui relatados apresentam encontros de Jesus com jovens. São doze interrogações. E muitas respostas. A atenção dos capítulos está centrada sobre a humanidade de Jesus e a dos jovens, sem voz e nem vez, que encontrou. Alguns desses relatos da Bíblia estão presentes em mais de um evangelho. Isso permite uma leitura comparativa. Buscou-se uma melhor aproximação do ocorrido explorando o texto recebido, seu contexto, suas filigranas, cada um de seus personagens, as intenções e os limites dos evangelistas. Eles escreveram em grego o que ouviram de outros, nem sempre de testemunhas diretas, dezenas de anos e até mais de meio século depois. Explorou-se o texto original, grego, considerando a cultura hebraica de Jesus e, na desmedida do possível, a dos jovens de seu tempo. Disso resultam os textos de cada um dos 12 relatos bíblicos apresentados ao final de cada capítulo.

Todos os anões um dia foram pequenos, diz um ditado da Europa Central. Todos os adultos e idosos um dia também foram jovens. Mas este livro não se dirige também aos adultos. Mesmo se eles já foram jovens. Se um adulto o adquirir, é claro que pode lê-lo, mas seria bom se o desse de presente a um jovem ou a uma jovem. Seus diversos episódios e reflexões são como um alimento espiritual para jovens em busca de sua humanidade e identidade. Cada capítulo pode ser lido em qualquer ordem, hora ou lugar. Não causa indigestão, nem intoxica. Mesmo quando o preparo deixa a desejar. Deguste. São doze receitas do Mestre. Têm sabor, saber e sabedoria. Bom apetite.

1 Um jovem deve estar a serviço dos pais?

Era uma vez uma jovem, conhecida de todos, por ser a filha de um personagem famoso. Desde seu nascimento sua identidade esteve ofuscada ou determinada pela proeminência dos pais. Sua história está nos evangelhos e repete-se em muitas famílias. Quantas jovens não vivem esse drama: ela é a filha de fulano ou ela é a filha do famoso sicrano. Ao conhecer esses jovens somos apresentados, sem querer, aos seus pais, às suas famílias, como uma referência obrigatória e determinante. Esse comportamento social externo tem sua correspondência interna, na casa e no lar. Ao invés de colocarem-se a serviço da vida a que todos os filhos têm direito, pais e familiares os colocam a seu serviço.

A história dessa jovem está na Bíblia. Os evangelistas Mateus, Marcos e Lucas a contaram. Nenhum deles lembrou-se do seu nome. Apenas o nome do seu pai foi revelado. Essa jovem foi levada a incorporar, muito mais fortemente do que em outras famílias, os modelos paternos e maternos. Eles foram veiculados com certa dose de coerção: lembre-se de que você é filha de um pastor, de um líder religioso, de um rabino, de um ancião da igreja... E por isso ela não devia se comportar deste ou daquele jeito, ou não podia ter como amiga determinada pessoa, ou fazer isso e aquilo. Não ficava bem para seus pais, nem para seus avós, nem para a comunidade, esse comportamento. Quem sabe um dia essa menina será uma legítima filha dessa família, graças ao seu comportamento internalizado.

Durante a infância a criança obedece. Assustada e maravilhada. É uma menina sempre vestida como convém por seus pais. Ela é levada pelo braço, como todas as crianças. E tratada como o produto acabado de uma relação amorosa dos pais. Ela é mostrada como uma espécie de prova das coisas que seu pai apregoa. E lá vai a filha do senhor prefeito, ou do fazendeiro, ou do empresário famoso, ou do professor ilustre, do abençoado pastor ou líder religioso. A fatura de comportamento a ser paga pela criança nunca é a mesma, conforme o perfil de sucesso dos pais, sua cultura, religião e tradições.

Até a adolescência as coisas vão mais ou menos bem. Na hora do despertar maior das forças anímicas, da sexualidade ao intelecto, a crise emerge. Os filhos, como todos adolescentes em grau variado, buscam afirmar sua identidade e entram em conflito com os modelos impostos pelos pais. O caso dessa jovem nos evangelhos é exemplar desse processo universal. Mas seu conflito era pior e maior: seu pai era a principal autoridade religiosa da cidadezinha de Cafarnaum. As desventuras dessa jovem *sem nome, nem voz* foram relatadas em três evangelhos (Mt 9,18-26; Lc 8,40-56; Mc 5,21-43).

Seu pai se chamava Jairo ou Jair. Os evangelistas Marcos (5,22) e Lucas (8,41) mencionam o nome desse *parnas* ou administrador de sinagoga, provavelmente uma das encontradas em Cafarnaum. O nome hebraico *Iair* significa: "Deus (*Yah*) ilumina (*or*)". Jairo é uma das muitas variações de nomes hebraicos com base na palavra luz. Este nome aparece treze vezes na Bíblia hebraica, em vários personagens. No grego do Novo Testamento, Jairo está grafado como *Ιαριροσ*. O nome da jovem é desconhecido.

Chefe da sinagoga, Jairo pregava como um legítimo representante divino. Quanto à jovem... Bem, a ela cabia comportar-se como a filha do rabino, do pastor ou do padre. É verdade: a opção do celibato faz com que os padres não casem, nem tenham filhos, na Igreja latina do Ocidente. Mas a regra é geral. Essa jovem não podia escandalizar sua comunidade, nem sua família. Apesar da dose renovada de hormônios em suas entranhas e dos sentimentos aflorando na flor de sua pele de adolescente.

Para alguns ela ainda era uma menina. Era a filha do rabino. Para ela, uma jovem. Sempre mais velha do que os pais imaginavam. Pela lei de Israel essa menina já havia atingido a idade para ser prometida em casamento. Já menstruara. Biologicamente fértil, ela já podia gerar filhos. Por ser seu pai um religioso tão destacado, ela recebeu uma grande dose de cobranças comportamentais. Lembre-se: você é a filha do rabino... Impedida de ser, ela é colocada a serviço dos projetos de seus pais, como ocorre com tantos jovens em tantas famílias.

Como muitas adolescentes, diante de obstáculos demasiadamente grandes em sua busca de identidade, ela decide regredir, recuar. Como tantas adolescentes, ela volta para o seu quarto, seu leito, onde dorme e sonha. Cercada de seus desejos e de seus astros perdidos, ela regride. Essas patologias psicológicas desatam rapidamente consequências somáticas e corporais. A adolescente interrompe seu ciclo menstrual, emagrece. Sua saúde é abalada. A ideia de suicídio ronda por perto. Deprimida, ela tem medo de sair de casa e se tranca entre quatro paredes. Há casos em que, numa regressão patológica, a jovem volta a gatinhar.

No começo, os pais não percebem nada e até se comprazem em determinados comportamentos. Alguns guardam os filhos prisioneiros junto a si, a seu serviço, até a morte. A jovem fica para tia, como se diz. Não deixa nunca a casa paterna. Dedica sua vida a cuidar dos pais. Morre sem ter vivido sua vida, suas paixões e aventuras. Só e solitária. Só no presente e solidária com o passado.

Outros pais logo percebem a enfermidade em sua casa. Ela será tanto mais difícil a admitir quanto terá sido a idealização dos modelos paternos e sua imposição sobre os filhos. Os pais buscam culpados fora da relação familiar: amizades erradas, leituras equivocadas, o fracasso do ensino, filmes, internet... Não faltam bodes expiatórios. Tentam cortar essas práticas, impedir esses contatos com o mundo externo. Nada resolve o problema.

Essa jovem desligou-se do mundo. Não dava para enfrentar. Muitas jovens, em casos parecidos, chegam a cometer o suicídio. A filha de Jairo preferiu adoecer para retirar-se. Ela adormece, como a bela adormecida, para os castelos, os sonhos familiares, as imposições celestes e todos os malefícios e feitiçarias que ela não tem forças para combater. Os palpites de parentes e vizinhos, dos membros da igreja e do clã invadem sua casa. São como latidos, miados, piados, mugidos e outras sonoridades açoitando o corpo e a alma da jovem adormecida. Ela para de ouvir, de ver, de sentir e de ser. Adormece para sempre no seu quarto, em meio ao murmúrio e aos palpites alheios.

Diante da gravidade da situação, o maior responsável pela crise da jovem, seu pai, cujo nome e sombra estão inscritos de forma indelével nos ossos da filha, sai em busca de ajuda. Ele reconhece sua impotência diante da situação. Por amor, Jairo coloca-se a serviço de sua filha e busca ajuda. Fora do círculo familiar. Talvez, pela primeira vez, em espírito e verdade. Ele torna-se o protagonista de um episódio emblemático: o da cura, ou do despertar ou da revificação de sua filha adolescente por Jesus. Esse Jairo, sem temer o ridículo, coloca-se ao serviço de sua filha enferma e, com muita fé, recorre a Jesus.

Não era uma boa ideia. Ao fazê-lo, ele arrisca sua imagem, sua carreira religiosa, suas amizades e suas relações sociais. Ao contrário de Jairo, Jesus vivia cercado de *más* companhias: prostitutas, marginalizados, revoltados. Mesmo assim, ele vai publicamente ao encontro de Jesus, um galileu iluminado. Jairo não busca Jesus de forma oculta, durante a noite, como fará Nicodemos, membro do Sinédrio, para não ser visto e reconhecido (Jo 3,1-21). Ele também não era um admirador em segredo de Jesus de Nazaré, como José de Arimateia, homem rico e justo (Jo 19,38).

Apesar de acusado pelos doutores da lei por seu comportamento religioso e cultural inadequado, Jairo procura e se aproxima de Jesus. Ele atravessa a multidão, que certamente lhe dá passagem dada sua notoriedade. Junto a Jesus, de joelhos, Jairo suplica sua ajuda. Ele diz a Jesus: – *Minha menininha está morrendo*! Depois de Jairo, é Jesus quem se põe a serviço dessa jovem e o acompanha até sua casa.

No caminho, os "entendidos", palpiteiros de sempre, vêm reprovar o comportamento de Jairo ao comunicar-lhe – talvez com algum mórbido prazer: – *Sua filha está morta*. Tarde demais. Com esse anúncio quase na porta de casa, talvez essas "boas" companhias queiram sinalizar que Jairo se expôs e se desgastou à toa. Ele não fez a coisa certa para um chefe de sinagoga: ir atrás de um duvidoso milagreiro.

Jesus conhece os corações dos homens e seus enganos. – *Ela não está morta. Ela está dormindo!*, afirma o Mestre, o Rabi. Um sorriso de deboche e desdém denuncia o sentimento dessa turba: – *Então ela não morreu? Pois bem, vamos juntos, até o seu quarto na casa de Jairo, para ver se ela está morta ou não. Vamos até lá! Hoje esse Jesus será desmoralizado!*

Jesus não lhes dará esse prazer. E muito menos exibirá seu poder como um triunfo publicitário. Ao chegar à casa de Jairo, Jesus os deixa do lado de fora, com a multidão. Não permite que entrem. E mais. Ao ainda encontrar na casa mais juízes dos outros, mais engenheiros de obras feitas, mais palpiteiros da vida alheia, Jesus também os expulsa. E "bota todo mundo para fora". O texto grego do Evangelho usa uma palavra forte, e esse é o sentido de seu ato salvífico. Ele chuta, bota para fora, expulsa dali os que não conseguem achar seu devido lugar – no mundo e nas relações – e tentam usurpar a linhagem alheia, imiscuindo-se em relações familiares que não lhes diz respeito.

De seus discípulos, Jesus toma apenas três para entrar com Ele na casa. Eles serão testemunhas do ato sacrificial dos pais. E não da filha. A ovelha não será sacrificada. Como no episódio de Abraão e Isaac, a Transcendência revela o que deve ser sacrificado: a fusão, a posse, a confusão nas relações pessoais e familiares, o desejo de submissão dos pais, a instrumentalização dos filhos aos projetos paternos e maternos.

Diz o relato: Jesus toma o pai e a mãe da criança e os que estão com Ele, e entra onde a criança está. Ele vai ao seu encontro, ao encontro de sua condição, de seus conflitos, lá onde ela está. Não é ela quem vem a Ele. Jesus aproxima-se da jovem. Ele se faz próximo, se torna seu próximo.

Ele não a trata de menininha, como o pai, no início do episódio ao dirigir-se a Jesus. Ele toma sua mão (aquela que é dada como gesto simbólico em casamento) e a trata de jovem. Jesus emprega um tratamento dirigido às mulheres que já haviam menstruado, eram férteis e capazes de casar-se e reproduzir.

– *Tali thakumi*!, diz o Rabi. O que significa: *Jovem, eu te digo: desperta*! O começo dessa expressão virou nome feminino entre nós: Talita. Não se trata de um nome verdadeiro e sim de uma expressão aramaica no relato em Marcos. Ele evoca uma ovelha, *talil*, já capaz de procriar. Termo usado carinhosamente para jovens e adolescentes. E assim, com o tempo, a meta-história do cristianismo até deu nome a essa jovem: Talita. E retirou-a da anomia social e familiar imposta pelos textos dos redatores dos evangelhos.

O corpo inteiro dessa jovem estava tomado, preso e amarrado por relações familiares patológicas. Jesus não impõe suas mãos sobre a jovem, como pedira o pai, Jairo. Ele não toca em sua cabeça, em sua autonomia. Jesus toma apenas a sua mão. Como Deus ao criar o homem, na pintura de Michelangelo no teto da Capela Sistina no Vaticano. Ele a toma pela mão. Como quem toma uma cidade, ou uma fortaleza. Ela a arrebata. Ele a liberta. Da mesma forma, Jesus havia tomado a mão de outra mulher sem nome, a sogra de Pedro.

Ela fora abalada pelas opções delirantes e inesperadas de seu genro de deixar a família, o emprego de pescador e tudo mais para seguir um galileu desconhecido. Após ter discutido com Pedro, reclamado, ameaçado e se atirado ao chão sem sucesso, ela havia adoecido. Uma febrinha. Bastou ela encontrar Jesus e ser tocada por sua mão para compreender tudo e sarar (Mt 8,14-15; Mc 1,29-31; Lc 4,38-39). A cura capacita para o serviço. A sogra de Pedro foi uma das primeiras beneficiárias do poder curador de Jesus, transmitido pelo contato de sua mão. E, uma vez curada, ela se pôs a servir.

Ao chamado de Jesus, dirigido a ela como uma meta de vida, a jovem desperta. A filha de Jairo volta à vida. Ao abrir os olhos, não como criança, mas como jovem, ela vê um novo mundo. Essa meta, esse chamado de Jesus ainda dirige-se a todos os jovens: despertem! Levantem-se! Assumam seus sonhos e suas vidas!

Na casa de Jairo, os palpiteiros e os "íntimos" da família desapareceram, e com eles as cobranças sociais. A jovem encontra um novo rosto no rosto dos pais. Nesse momento, o texto dos evangelhos deixa claro que ela realmente não era mais uma menina, mas uma jovem. Podia casar-se.

E Jesus coloca, definitivamente, a família inteira a serviço dessa moça. Ele ordena à mãe, essa progenitora ausente, muda e sem nome, de preparar novos alimentos para sua filha. Após Jairo, Jesus e seus discípulos, agora também a mãe se coloca a serviço da filha. E lá vai ela preparar uns quitutes para sua filha. Feliz da vida. E a jovem está com fome. E essa fome precisa ser saciada. E nada de sair por aí afora, com vizinhos e curiosos, falando dessas venturas e aventuras, domésticas e familiares. Chega de fofocas e bate-bocas. Não contem nem comentem nada com ninguém, pede o Mestre.

A alegria não retorna a esse lar, como dizem muitos comentaristas. Ela se instaura, de verdade, pela primeira vez. Doravante, a jovem não será mais a filha do rabino, mas uma miraculada. Aquela que salvou seus pais e sua família. Os pais devem estar a serviço do crescimento e da realização de seus filhos, e não o contrário. Os filhos não vêm ao mundo para realizar os projetos dos pais, por melhores que sejam. Cada jovem é único e irrepetível. Libertos, eles não repetirão com seus filhos os esquemas repressivos incorporados dos pais. A liberdade instaura-se na cadeia de gerações. Os filhos no lugar dos filhos. Os pais no seu lugar de pais.

Os títulos introduzidos nas bíblias para designar esse episódio destacam a ressurreição da filha de Jairo, uma expressão inadequada. Só Jesus ressuscitará. Outros falam do retorno à vida da filha de Jairo. Na realidade, toda a família volta à vida quando um jovem é tratado e aceito como tal, nem como criança, nem como adulto. Como jovem.

A CURA DA FAMÍLIA DE JAIRO
Mc 5,21-43; Mt 9,18-26; Lc 8,40-56

E, de novo, Jesus atravessa de barco
para o outro lado.
Uma numerosa multidão se reúne ao redor dele.
Ele está à beira-mar.

Um dos chefes da sinagoga vem até Ele.
Seu nome era Jairo.
Ao vê-lo, ele cai a seus pés.
Sua filha única está para morrer.

Suplica-lhe insistentemente e diz:
– *Minha filhinha está morrendo.*

Vem e impõe sobre ela as mãos,
e ela será salva, ela viverá.

Jesus vai com ele.
Uma enorme multidão o segue e se comprime contra Ele.
[...]
[Jesus] ainda falava, quando chegam alguns
da casa do chefe da sinagoga,
e dizem:
– *Tua filha morreu.*
Por que perturbas ainda o Mestre?

Jesus, porém, ouve as palavras pronunciadas por eles.
E diz ao chefe da sinagoga:
– *Não estremeças!*
Adere somente!

E não permite que ninguém o acompanhasse,
exceto Pedro, Tiago e João, o irmão de Tiago.

Eles chegam à casa do chefe da sinagoga.
Ele percebe o tumulto.
Tocadores de flauta e muita gente chorando
e clamando em voz alta.

Ele entra e lhes diz:
– *Por que este tumulto? Por que chorais?*
A criança não está morta, mas dorme.

Zombam, riem-se dele,
sabendo que ela está morta.
Mas Ele os põe para fora.
Toma o pai e a mãe da criança
e os que estão com Ele,
e entra onde a criança está.

Toma a mão da criança e lhe diz:
– *Tali thakumi!*
O que significa:
Jovem, eu te digo: desperta!

No mesmo instante, seu espírito volta,
a jovem se levanta de imediato e anda.
Sim, já tinha doze anos.
Eles ficam fora de si,
totalmente fora de si.

Ele lhes ordena insistentemente
que ninguém saiba disto.
E diz para darem a ela algo para comer
e sai.

2 Qual o lugar dos jovens nas famílias?

Tempos atrás, em entrevista para a televisão, perguntaram-me se eu era favorável à diminuição da idade da responsabilidade penal de 18 para 16 anos. Eu disse que não. O entrevistador, claramente com opinião formada, animou-se. Feliz da vida, ele me perguntou por quê. Eu respondi que era favorável à idade de 12 anos, como está na Bíblia, como é na tradição judaica. Seu desconforto foi tão grande que ele teve dificuldade para prosseguir com a entrevista. Essa *boutade* remete ao ritual judaico do *bar mitzvá* e a um curioso episódio da vida do adolescente Jesus de Nazaré.

Ao completar doze anos e chegar à adolescência, na tradição religiosa do judaísmo, para o jovem macho, ocorre o ritual conhecido como *bar mitzvá*. Ele marca para cada indivíduo o fim da infância e a entrada no mundo dos jovens e dos adultos. O termo hebraico *bar mitzvá* significa textualmente "filho do mandamento". O agora jovem torna-se um filho da lei. Ele tem maturidade suficiente para buscar o discernimento entre o certo e o errado, entre o bem e o mal, entre o belo e o feio. E, sobretudo, o jovem crescerá no entendimento da complexidade associada a esses julgamentos.

O jovem já conhece os preceitos, os mandamentos da Lei e, ao apresentar-se na sinagoga, além de ler um trecho no livro da Torá diante da assembleia, ele responde perguntas e pode até expressar sua opinião. Ele fala por si mesmo. O evento é festejado. Desse dia em diante, o jovem passa a frequentar a sinagoga junto com os adultos. Virtualmente, o jovem pode trabalhar e até casar.

O *bar mitzvá* é um ritual de identificação e de separação dos filhos em relação aos pais. A maioria dos pais, possessivos, acredita que tem filhos. "Eu tenho duas filhas." "Eu tenho três filhos." Enquanto as crianças são pequenas a relação com elas não é de verdadeira filiação, mas de produção e posse. A criança é o produto de dois seres humanos. Eles a fizeram, eles a possuem. Dentro dessa lógica, o lugar dos filhos será sempre a casa dos pais, o espaço dos pais. Um dia, o filho, que aprende e compreende, faz algo a mais: ele surpreende. O filho muda de lugar para assumir *o seu* lugar. Foi o que sucedeu com Jesus, conforme conta Lucas em seu Evangelho (Lc 2,41-52).

Os pais de Jesus iam todos os anos a Jerusalém para a Festa da Páscoa. Com 12 anos, educado na tradição religiosa de seus pais, Jesus fez o seu *bar mitzvá*. No retorno a Nazaré, um pouco como pode ocorrer com um grupo de famílias que viajou para a praia num feriado prolongado, José vai com seus amigos e imagina que Jesus está com Maria. Esta viaja junto com outras mulheres e imagina que Jesus está com José. No caminho, eles se dão conta: Jesus não está com eles. Ele simplesmente abandonou os pais durante a festa. Eles o buscam entre parentes e conhecidos, e retornam angustiados à sua procura em Jerusalém.

Somente três dias depois eles conseguem encontrá-lo. Três dias depois, Jesus ainda está no Templo. Ele debate com os doutores da lei. Escuta, aprende e faz perguntas. Admira e causa admiração, por um saber que brotava de dentro para fora. Jesus estava no seu lugar ou aquele não era seu lugar? Ele ficou em Jerusalém, enquanto os pais voltavam para Nazaré. Ele não os obedeceu, não os seguiu. E é exatamente nesse momento tão significativo que Ele se tornou um filho livre. Diante da cobrança de sua mãe: – *Meu filho, por que você fez isso conosco? Olhe que seu pai e eu, em grande angústia, te procurávamos*. Jesus respondeu: – *Por que me procuravam? Não o sabíeis? É preciso que eu esteja no lugar que é de meu pai* (Lc 2,48-49).

Maria fala de seu pai, José. Jesus evoca outro pai e sua filiação celeste. Para Jesus, o lugar desse pai é bem onde ele está naquele momento, em meio a sábios e rabis no santuário de Jerusalém, no mundo, fora de sua casa paterna. A maioria das traduções escreve: *É preciso que eu esteja na casa de meu Pai*. Essa tradução tem o mérito de mostrar que a casa do jovem Jesus não é mais a casa de José e Maria. Essa nova casa é o mundo, a humanidade toda e inteira.

Jesus se tornou um verdadeiro filho ao mostrar a José e Maria que não lhes pertencia. Jesus chegou ao seu lugar, um lugar ordenado com relação ao lugar dos pais. Todo jovem pode e deve buscar o *seu* lugar. Jesus se separou e se situou com relação a seus pais. É um caminho universal de vida e liberdade, a ser trilhado pelos jovens, logo na adolescência. Jesus não é mais uma criança coisa ou objeto que os pais levam debaixo do braço de um lugar para outro. Ele se posicionou na cadeia das gerações: após seus pais.

Esse é o significado do versículo: "Jesus desceu então com seus pais para Nazaré, e *permaneceu obediente* a eles". Ou em outras traduções "era-lhes sujeito" ou ainda "era-lhes submisso". O termo mais adequado seria "se colocava depois deles" (do grego *υποταοσο*) (Lc 2,51). Separado e situado, Jesus deixou claro: não pertencia mais a José e Maria, mas entendia perfeitamente sua posição de filiação e seu lugar. Sua libertação da tutela dos pais não o levou para fora do ambiente familiar. Sua autonomia o levou a seu devido lugar na cadeia das gerações. *Desceu então com eles e veio para Nazaré. Ele se colocava depois deles. E sua mãe guarda tudo isso em seu coração* (Lc 2,51).

A criança aprende obediência e respeito aos pais. Na adolescência, ela começa obedecer a si mesma. Muitos pais interpretam gestos e atitudes dessa busca de autonomia do adolescente como sinais de falta de respeito. Por outro lado, em sua busca de autonomia muitos jovens desrespeitam seus pais. Tudo isso faz parte do processo conflitivo de aprendizado dos filhos e dos pais. Com o tempo, situado na filiação, o jovem não obedecerá mais os seus pais, contudo sempre os respeitará. E as coisas se ajustam. Nem sempre é assim.

Alguns filhos disputam com os pais que admiram. Passam a vida querendo ocupar o lugar da mãe ou do pai. Outros lutam contra pais que não admiram. E também passam seus dias em disputas infindáveis com os pais, mesmo vivendo longe da casa paterna. Muitos filhos tentam provar aos pais que merecem seu amor. E passam seu tempo buscando atender e corresponder aos desejos paternos. Em alguns casos, os pais já faleceram, e o filho ou a filha segue realizando coisas para provar algo a seus pais. Em outro extremo, há filhos que se situam fora da filiação, de forma completamente não inscrita e não situada na cadeia das gerações. Vivem como órfãos, sem família, sem ascendentes. Desaparecem no mundo. São filhos do nada e muitas vezes sementes de caos.

Os filhos sujeitos e não sujeitados reconhecem seu lugar e o ocupam na linhagem familiar. Quantos jovens não conseguem se situar dentro da filiação! Quantos pais não conseguem situar-se na paternidade. São pais incapazes de aceitar e silenciar diante do crescimento dos filhos, como faz Maria ao final desse episódio do Evangelho de Lucas. Em silêncio, Maria guardava tudo em seu coração (Lc 2,51).

Esse episódio de crescimento pessoal de Jesus convida cada jovem a encontrar o *seu* lugar. Não o lugar sonhado por seus pais, proposto pelos melhores amigos, desejado pelos padrinhos, induzido por grupinhos, modas ou comportamentos, ou ainda imposto pela sociedade. O lugar único de cada jovem começa a se definir *na* e *pela* família, qualquer que esta seja. Quando os filhos se tornam adultos e filhos verdadeiros, os pais mudam o discurso. Longe da ideia de posse, eles se aproximam do bem-querer de Deus, quando dizem:

"Eu *tive* duas filhas. Uma casou, a outra vive no Rio de Janeiro..." "Eu *tive* três filhos. Cada um fez seu caminho. O primeiro..."

Quando os pais falam assim, em geral, a relação de posse desapareceu. Ela cedeu à gratidão de participar da Vida. Eles aceitam e assumem o lugar que a cada um compete ocupar na torrente encachoeirada das gerações.

UM JOVEM ENCONTRA SEU LUGAR ENTRE DOUTORES E FAMILIARES

Lc 2,40-52

E o Menino Jesus cresce, se fortalece,
cheio de sabedoria;
o bem-querer de Deus sobre Ele.

Seus pais vão todo ano a Jerusalém
para a Festa da Páscoa.
Quando Ele completou 12 anos,
segundo o costume,
subiram para a festa.

Terminados os dias, eles voltam.
Mas Jesus ficou em Jerusalém,
sem que seus pais o notassem.

Pensando que Ele estivesse na caravana,
andaram o caminho de um dia na estrada.
Depois o procuraram entre os parentes e conhecidos.

E não o encontram.
E voltam a Jerusalém à sua procura.

Três dias depois,
eles o encontraram no santuário,
sentado em meio aos rabis.

Ele os ouve e os interroga.
Todos os seus ouvintes estavam estupefatos
com sua inteligência e suas respostas.

Ao vê-lo, ficaram admirados.
Sua mãe lhe disse:
– *Filho, por que nos fizeste isso?*
Olha que teu pai e eu, em grande angústia,
te procurávamos.

Ele respondeu:
– *Por que me procuráveis?*
Não o sabíeis?
É preciso que eu esteja no lugar que é de meu pai.

Eles, porém, não compreenderam
a palavra que Ele lhes dissera.

Desceu então com eles e veio para Nazaré.
Ele se colocava depois deles.

Sua mãe guarda tudo isso em seu coração.

E Jesus progride em sabedoria, em estatura e em
bem-querer,
Aos olhos de Deus e dos homens.

3 Os filhos devem honrar os pais?

Não. Em nenhum lugar da Bíblia está escrito que os filhos devam honrar seus pais. As citações explicitam sempre: honrar *o pai e a mãe*. Como nos mandamentos: *Honra teu pai e tua mãe, para que se prolonguem os teus dias na terra que IHWH teu Deus te dá* (Ex 20,12). Por que a Bíblia e Jesus falam sempre de pai e mãe e nunca dos pais? Para entender é preciso primeiro aproximar o significado hebraico do verbo honrar.

Em hebraico o verbo honrar, *cavod*, significa e é empregado tanto para honrar como para pesar. Ou seja, honrar evoca peso e valor. Dar a cada um seu devido valor é dar-lhe seu devido peso. O peso é um dos primeiros modos de se apreciar o valor nos processos comerciais de troca. Na economia primitiva de Israel, o peso estava associado à ideia de valor. Como ainda hoje na expressão em português: vale quanto pesa. Pesar era análogo a dar valor.

Existe ainda outra correlação entre essas duas realidades: honra e peso. Quem tem a honra, tem o peso. Quem tem a honra de um cargo, de uma promoção ou de ser colocado em destaque tem também o peso equivalente desse lugar, dessa responsabilidade. Quando um pai ou uma mãe são honrados pelos filhos cabe-lhes uma grande responsabilidade.

Se valor é peso e peso é honra, será que os pais valem o quanto pesam? Pai e mãe pesam iguais na vida de um jovem? Nunca. Não é fácil para um jovem filho dar a cada um de seus pais o seu devido valor, o seu devido peso. Como pode um jovem dar justo valor, nem mais, nem menos, a cada um de seus pais, sem avaliar o peso que tiveram e têm em sua vida? Dificilmente pai e mãe têm o mesmo peso. E ele pode variar com o tempo. Quais são seus pesos respectivos? Como conhecer e reconhecer esse peso parental, essa densidade? Como buscar o equilíbrio ponderado, ponderal, com o pai e com a mãe? Essa é uma passagem incontornável para o crescimento e o amadurecimento do jovem: dar o devido peso, o justo valor ao seu pai e à sua mãe.

Boa parte das pessoas ao entrar num consultório de psicólogo, terapeuta ou psicanalista e buscar ajuda (e sejam louvados por isso), fazem-no porque, no fundo, ou o pai ou a mãe tomaram um peso indevido em suas vidas, por ausência ou por excesso. Um peso desequilibrante. Um peso indelével e insuportável. O peso da ausência de um pai na vida de um jovem é tão grande quanto o de uma presença esmagadora, obsessiva e tenaz.

Muitos jovens são marcados por atribuir a um dos pais uma importância ou uma primazia exagerada. Ou o oposto: o pai é mais ou menos desconhecido, mais ou menos reconhecido, possui um peso ignorado. Em nenhum dos dois casos o pai foi devidamente honrado. Há mães que valem seu peso em ouro e outras em lama. O amor incondicional aos pais não significa estar cego à sua realidade humana. O jovem ama verdadeiramente seus pais quando conhece e reconhece a realidade humana de cada um deles. E, para dar o devido peso e valor a cada um de seus pais, o jovem precisa avaliar primeiro (ou simultaneamente) a sua própria densidade, o seu próprio peso. Isso o fará viver. O contrário leva à morte. Esse é o sentido das palavras de Jesus: *Com efeito, Deus disse: – Honra pai e mãe; E ainda, quem maldiz, quem não dá o devido valor ao pai ou à mãe, morre* (Mt 15,3-4).

Em hebraico a palavra *cavod* tem ainda um terceiro sentido. Ela também significa: fígado. Como ocorre em diversas vias terapêuticas, inclusive a da ascese espiritual e a da vida religiosa, por um processo de elaboração interna, de amadurecimento, semelhante aos que ocorrem no fígado, o jovem pode realizar uma série de realidades incompletas em si mesmo. Ele cresce em autoconhecimento. O jovem pode aumentar sua densidade pessoal.

Honrar pai e mãe e não honrar os pais. Esse é o mandamento, fundamental para que o jovem seja livre e equilibrado. É a recomendação de Jesus ao jovem rico: honra teu pai e tua mãe, e ama teu próximo como a ti mesmo. A Bíblia convoca os filhos a reconhecerem cada um dos pais com seu devido peso e dimensão. Talvez o pai tivesse o peso de uma palha ou a mãe o de uma âncora. Reconheça. Elabore. Aceite. E seja livre.

Um ponto comum entre todos os pais é que eles precederam os filhos na cadeia das gerações. Separados e situados na sua densidade com relação ao pai e à mãe, os filhos não correm o risco de cometer os equívocos trágicos de Édipo. Na tragédia grega, Édipo assumiu o lugar de seu pai, casou com sua mãe e arrancou seus próprios olhos. Ao cegar-se, simbolicamente, Édipo expressa o quanto a vida humana pode ser vivida na opacidade, na cegueira de relações humanas negativas e equivocadas.

Todo ser humano para se tornar verdadeiro humano, nascido de humanos, deve ter consciência e vivência de sua relação de filiação e do pesar constante que isso exige. Reconhecer o pai e a mãe de forma distinta representa não pertencer mais a nenhum deles.

Os filhos sujeitos e não sujeitados reconhecem o lugar do pai e da mãe de forma diferenciada na linhagem familiar, assim como o seu. Eles aceitam os pais como são. Autônomos, eles sabem a diferença entre o certo e o errado, entre o bom e o ruim, entre desejo e necessidade e todos os matizes e complexidades envolvidos nesses conceitos. Não precisam indagar como crianças sobre o que podem ou não fazer, sobre o quê e como devam ser. Vivem como gente honrada.

DÊ O DEVIDO PESO AO TEU PAI E À TUA MÃE

Honra teu pai e tua mãe,
para que se prolonguem os teus dias na terra que IHVH teu Deus, te dá.
Ex 20,12

Ele respondeu-lhes:
– E vós, por que violais o mandamento de Deus por causa da vossa tradição?
Com efeito, Deus disse: – *Honra pai e mãe;*
E ainda, quem maldiz o pai ou a mãe, morre.
Mt 15,3-4

Jesus respondeu:
– Não assassines, não adulteres, não roubes, não levantes falso testemunho; honra pai e mãe, e ama o teu companheiro como a ti mesmo.
Mt 19,18-19

Tu conheces os mandamentos:
Não mates, não adulteres, não roubes, não levantes falso testemunho, não fraudes, honra teu pai e tua mãe.
Mc 10,19

Honra a teu pai e a tua mãe
– é o primeiro mandamento com promessa –
para seres feliz e teres uma longa vida sobre a terra.
Ef 6,2-3

4 Jovem não se contenta nem com muito?

Não mesmo. Vejam esta história: era uma vez um jovem rico e educado. Como qualquer jovem nessa condição nos dias de hoje, ele poderia desfrutar da sua situação e viver sem preocupar-se com o futuro. Além disso, esse jovem observava tradições e práticas religiosas herdadas de seus pais. Graças à sua educação e à sua fé, ele também poderia viver em paz com sua consciência. Mas tudo isso não lhe bastava, nem não era suficiente para que ele tivesse uma existência plenamente feliz e realizada. Esse jovem aspirava mais. Ele não se contentava com muito, quanto mais com pouco.

Tendo ouvido falar de Jesus, ele pressentiu que esse Mestre irradiava uma autoridade e uma sabedoria incomuns. Talvez ele encontrasse em Jesus aquilo que buscava. Fosse assim, a sua descoberta seria parecida à dos discípulos de Jesus. Na pessoa do Mestre, os discípulos descobriram a pobreza de sua relação com as realidades divinas. Apesar de tudo que aprenderam e foram levados a pensar sobre sua fé e crenças no passado, através de sua educação religiosa, diante de Jesus eles entenderam a pobreza de sua vida espiritual.

Resultado: os discípulos largaram tudo para acompanhar Jesus. Todavia, verdade seja dita, seu tudo era bem pouco. Em sua maioria, eles eram pobres. Largar tudo quando não se tem nada não é tão radical assim. Não era o caso daquele jovem, cuja família era rica e de renome.

Esse moço não era mesmo qualquer um ou um qualquer. Ele alcançou Jesus correndo, no momento em que este partia pela estrada, depois de uma polêmica discussão com os fariseus, os senhores da sua religião. *Ele correu e se ajoelhou diante dele...* diz o Evangelho de Marcos. Esse comportamento parece surpreender Jesus. Os judeus até hoje não se ajoelham diante de nada e rezam de pé. Para eles o ajoelhar-se poderia ser interpretado, por um observador externo, como uma idolatria diante de uma porta, de um muro, de uma imagem ou, pior ainda, diante de alguém. Aparentemente, essa foi uma das primeiras vezes que isso aconteceu com Jesus. Era um comportamento estranho, sobretudo da parte de alguém com a posição social desse jovem. Era um comportamento social e religioso inconveniente, como foi o de Jairo, o chefe de uma sinagoga, e de outros.

Talvez Jesus tenha desconfiado de mais uma armadilha preparada por certos piedosos e fervorosos seguidores da Lei de Israel, com quem debatia há pouco. A atitude desse jovem era arriscada e inoportuna. Jesus era monitorado, acompanhado de perto por seus críticos e adversários. Ele sabia disso. Jesus se sentia cada vez mais investido de uma missão necessariamente crítica da religião de seu tempo. Ele buscava exercê-la com um máximo de discrição para não provocar, de imediato e rapidamente, reações brutais. Jesus ainda precisava de um mínimo de tempo para propagar sua mensagem. Mesmo se Ele sabia que um dia – e isto estava claro desde o princípio – as reações fatalmente ocorreriam e abater-se-iam sobre Ele.

Esse jovem sem nome, ajoelhado diante de Jesus, causa reticências e desconfiança. Como uma criança, ele pergunta o que deveria fazer na vida. Seria esse jovem como aqueles que não decidem, nem decidiram e ainda confiam na decisão dos outros sobre os problemas e desafios de sua vida? Muitos jovens buscam e seguem os bons e maus conselhos do alheio. Até para transferir seus desafios e, eventualmente, responsabilizar os outros pelas consequências de seus atos e decisões. Desde o relato bíblico do paraíso, a lição é sempre a mesma: que a serpente não decida por nós.

Presente nos três relatos evangélicos (Mt 19,16-30; Mc 10,17-31; Lc 18,18-30), esse jovem anuncia seu desejo de fazer e viver boas coisas em sua vida. Ele busca a vida em perenidade. Viver e estar vivo em perenidade, em todas as idades. Os evangelhos divergem um pouco sobre o começo desse diálogo com Jesus. Ele chama Jesus de Bom Mestre (Mc 10,17). E pergunta que coisa boa deveria fazer para ter em herança a vida eterna (Mt 19,16-30).

Jesus ainda parece reticente. Ele teme uma armadilha dos fariseus e não responde de imediato. Jesus lhe devolve uma nova indagação. Exercendo uma dialética na qual seus sucessores jesuítas serão grandes mestres, Jesus indaga: – *Por que me chamas de bom? Por que me perguntas sobre o que é bom?* (Mt 19,17). Você não tem idade, nem é capaz de examinar e decidir? Você busca ordens? Você não sabe o que fazer? Você quer transferir suas decisões para mim? O jovem busca respostas e não tem respostas. Como ter as boas respostas sem fazer as boas perguntas? Diante do silêncio do jovem, olhando-o nos olhos, Jesus completa e encerra o assunto: – *E além do mais, ninguém é bom. Senão o Único: Deus* (Mc 10,18). Jesus sai do centro do diálogo e coloca Deus. Ninguém poderia condená-lo por isso.

O jovem continua lá e inspira compaixão. Há como um primeiro movimento interior de Jesus, percebendo que talvez não haja ali nenhuma armadilha de escriba, fariseu ou saduceu. Jesus completa sua resposta com consideração ao jovem. Se ele precisa de ordens, preceitos e mandamentos; se ele quer seguir regras ao invés de exercer sua consciência, sua liberdade e seu livre-arbítrio, então é melhor ater-se à Lei de Israel, acima de qualquer suspeita. Jesus mantém a distância e diz o que qualquer judeu diria: – *Se você quer entrar na Vida, guarde os mandamentos*.

E olha que mandamentos e preceitos não faltam na tradição judaica. Como diz o Talmude, o grande livro da tradição judaica, "613 mandamentos foram ditos a Moisés no Sinai". E não somente dez mandamentos como imaginam alguns na tradição cristã. Sem falar nas interpretações e preceitos derivados no judaísmo.

No sábado, no *shabat*, ninguém podia trabalhar ou carregar um saco de trigo ou uma cesta de ovos. E carregar brincos ou um colar significa trabalhar no sábado? A mulher pode ou não pode portar esses objetos? Tocar um objeto impuro contamina. E a sombra de um objeto impuro também contamina um hebreu? E por aí vai. Temas assim eram assuntos de ampla discussão entre os fariseus e terminaram por constituir a *Mishná*, um enorme tratado de leis, preceitos e interpretações rabínicas a ser cumprido e aplicado.

Como muitos jovens diante de tantas exigências sociais, legais, familiares etc., de tantas cobranças, ele quer saber o que realmente importa. – *Se você quer entrar na Vida, guarde os mandamentos*, diz o Rabi encerrando a questão. Diante de tantos preceitos e mandamentos para cumprir, o jovem olha para Jesus e, com alguma ousadia juvenil, pergunta: – *Quais*?

Que mandamentos realmente eu devo cumprir? Quais mandamentos são fundamentais? Que regras nessa vida são mesmo essenciais para viver? Jesus parece mudar ainda mais sua postura interior, sentindo-se mais tranquilo, menos ameaçado. Ele apreciou o contínuo questionamento desse jovem. Jesus toma a liberdade de reduzir os 613 mandamentos, o decálogo e todos os preceitos rabínicos a meia dúzia: "*Não matarás, não dirás falso testemunho, não adulterarás, não furtarás, honra a teu pai e a tua mãe, e amarás ao teu próximo como um outro ti mesmo*".

Não matarás. Jesus será assassinado. *Não dirás falso testemunho*. Jesus será condenado por falsos testemunhos. *Não adulterarás*. Jesus acabava de debater esse tema com os fariseus quando o jovem aproximou-se (Mc 10,11). Amar o próximo como *um outro ti* mesmo. E não de forma egoísta em que o próprio ego é a medida. Esse jovem fez-se próximo de Jesus, ao aproximar-se. Talvez ao pronunciar esse último preceito Jesus o aplicou a si mesmo: amar o próximo. Lá estava Ele. Próximo. E com toda sinceridade e generosidade, até com alguma onipotência juvenil, o jovem replicou que observava todos os mandamentos, desde a sua infância: – *Rabi, eu tudo isso tenho observado desde a minha infância; que me falta ainda? Que mais devo fazer?* (Mc 10,20).

A verdade da resposta parece abrir o íntimo de Jesus para aquele jovem ajoelhado diante dele. Ele surpreendeu Jesus. Tomado pela imensa esperança, que murmura em si mesmo, Jesus amou esse jovem. Amou-o de um amor inseparável do sentimento que Ele mesmo tinha por seu Deus. O mesmo Deus cuja presença poderosa Jesus percebia agindo naquele jovem. Nele já começavam aparecer e amadurecer os bons frutos dessa presença divina. Diz o Evangelho de Marcos: *Jesus olhou detidamente ou profundamente para ele e começou a amá-lo* (Mc 10,21).

E o texto grego do evangelho mostra que não se trata do amor entre amigos, da *πηιλια*, do companheirismo, mas do amor divino, dos anjos, do ágape. O evangelho grego original grafa *ηαγαπησεν*. Esse amor é o mesmo expresso pela voz divina em relação a seu filho *bem-amado* no dia de seu batismo no Rio Jordão. O mesmo amor ecoa dos céus no momento da transfiguração de Jesus. Em parte alguma os evangelhos falam tão clara e declaradamente do amor divino de Jesus por uma pessoa.

Esse jovem estava na escuta de si mesmo. Por ouvir aquilo que brotava no seu interior, na profundidade de sua pessoa, ele correu e ajoelhou-se diante de Jesus. Será que ele poderia ser levado a uma escuta *ainda melhor* do melhor de si mesmo? Poderia ouvir o que já estava nele, a espera, secretamente e que Jesus parece perceber em filigrana? Estaria esse jovem desde já preparado para responder e corresponder plenamente, em espírito e verdade, de todo seu ser, a esse chamado interior que o levara até Jesus?

Que obra singular emergia nesse jovem, dotado de muitas riquezas materiais e, mais ainda, de certezas religiosas, para que ele se sentisse insatisfeito e saísse em busca de viver *outra coisa*, como nos dizeres de Marcel Légaut. Esse jovem não se contentava de muito.

Quem era esse jovem para desejar ultrapassar, pela sua conduta, o modo de comportar-se de seu meio social? Assim são os jovens. Será que ele já criticava as concepções ordinárias de seu tempo? Assim são muitos jovens. Teria ele descoberto a insuficiência dessas concepções? Assim são alguns jovens. Teria ele percebido quanto era nocivo o cumprimento de leis e costumes veneráveis quando levam o jovem a dispensar e esquecer a busca perene da vida de fé e fidelidade? Assim são poucos jovens.

Entender e cumprir leis e mandamentos, por mais santos e justos, não são objetivos em si. Estar à escuta das exigências interiores em cada um, sim. E corresponder a essas exigências com fidelidade é a única via. Só ela permitiu ao jovem descobrir seu caminho e crescer na dimensão espiritual que secretamente lhe está destinada. Esse caminho, cada jovem precisa descobrir em si e por si mesmo, com riscos e perigos. Ele é muito mais exigente que o mero cumprimento dos ensinamentos religiosos tradicionais.

Estaria o jovem rico dos evangelhos preparado para isso? O quanto já estaria engajado nesse caminho de superação? Estaria preparado para prosseguir e perseverar, apesar das dificuldades, perigos, desvios e sombras existentes? Ele não correu e alcançou Jesus quando este estava se pondo de novo a caminho? (Mc 10,17). Não se tratava mais de alcançar na morte a vida eterna, mas a vida em plenitude agora.

Quem sabe Jesus tenha visto nele o potencial de um discípulo excepcional. Alguém de quem ele e sua mensagem necessitavam. Quem sabe, esse jovem poderia tornar-se um dos discípulos decisivos. Jesus introduz então um desafio quase impossível: o da perfeição, da integridade absoluta. Ele diz ao jovem que, se ele deseja ser perfeito, ele precisa voltar para casa, vender tudo o que possui e repartir o dinheiro com os pobres. E, depois, acompanhar e viver com Jesus. Como um discípulo.

Ao contrário do que prometem e pregam pastores e bispos no rádio e televisão sobre bênçãos, riquezas e outras prosperidades materiais, Jesus propõe ao jovem a pobreza absoluta, o rompimento de todos os vínculos com os bens materiais e com seus familiares. Jesus evoca a utopia da perfeição, a vida eterna aqui e agora: *Só uma coisa te falta, se queres ser íntegro, completo, maduro* (τελειο). *Vai vender tudo o que tens, e dá-o aos pobres, e terás um tesouro nos céus. Depois vem acompanhar-me*.

Não se trata de um chamado à conversão no estilo de João Batista, seu primo. Esse profeta, vestido com peles de camelo, vivia no deserto e pregava um arrependimento ético radical. Ele acabou degolado por ordens de Herodes. Sua cabeça foi entregue numa bandeja de prata à dançarina Salomé, num episódio cheio de erotismo, tirania e sedução (Mt 14,1-11; Mc 6,17-28). Essa história inspirou quadros de pintores famosos (Reni, Luini, Caravaggio, Tiziano, Cranach, Moreau, Vitor Meirelles...), um drama teatral de Oscar Wilde e filmes de William Dieterle (1953) e de Carlos Saura (2002).

Aparentemente, esse jovem não correu aos pés de João Batista. E se o fez, isso não o satisfez. Não se trata de seguir um líder, daqueles que, como certos políticos, arrastam os homens hipnotizados e manipulados. Um líder como sonhavam os que viam em Jesus o Messias. Eles esperavam em Jesus o libertador de Israel que tanto ansiavam.

Jesus não ignora: essa maturidade colocada ao jovem, esse dom radical de si, ninguém pode fazer, sem que isso lhe seja dado. Como foi dado a Jesus, em cada dia de sua vida. E esse dom preparou sua maturidade espiritual. Como foi dado o que se mostrou necessário à obra à qual Jesus estava destinado.

Jesus convida como um semeador. Cabe à terra produzir a colheita, como ao jovem o fruto da sua liberdade. Como pertencer a Jesus por uma doação que vai muito mais longe do que o que se possui? Uma doação de si maior do que o que se conhece de si mesmo e do que se pode desejar. Essa doação vai até aquilo que somos verdadeiramente.

Não se trata de um investimento para receber dez vezes mais depois. O jovem rico fica perplexo. Todos ficam em silêncio: o jovem, Jesus, os discípulos. O jovem se afasta. E durante o longo silêncio que Jesus soube guardar não esboçou o menor gesto para reter esse jovem enquanto o via partir. Talvez esse silêncio serviu para ampliar ainda mais o entendimento do próprio Jesus sobre si mesmo e sobre sua missão.

Nesse momento de sua missão, talvez Jesus ainda se imaginasse semelhante aos que vinham a Ele, sem realizar toda a sua grandeza. Ele era a força e a luz de seus discípulos. Por estarem tão próximos a Jesus, eles o acompanhavam, apesar das dificuldades e das resistências encontradas em si mesmos. E é assim até hoje. Jesus foi ajudado a descobrir essa sua grandeza ao não encontrá-la nesse jovem, reto e generoso, mas que, surpreendido por essa possibilidade, retirou-se...

Não se sabe o que o jovem fez em definitivo. Esse desafio o deixa tão perplexo quanto os discípulos de Jesus. E triste. Será que ele controla e pode dispor dos bens de sua família? Os evangelistas não sabem. Terá ele autonomia para vender os bens familiares? Quem entre os bilhões que hoje se dizem seguidores de Jesus cumpriu uma exigência tão radical? O jovem se retira. Em silêncio. Não está dito o que ele fará no futuro. Ele medita. Amadurece. O encontro verdadeiro entre dois seres traz sempre seus frutos em cada um deles.

A exigência colocada por Jesus, todos cumprirão um dia, ao morrer. A morte, se não reparte os bens do falecido com os pobres, lhos retira de forma absoluta. Mas foi para vencer a morte que Jesus morreu. Os comentaristas bíblicos, em sua grande maioria, gastam tinta para explicar o problema da riqueza, a dificuldade dos ricos entrarem no Reino dos Céus, a dos camelos em passarem por agulhas, e esquecem-se desse jovem sem nome, como sói acontecer. Ele não se esqueceu de Jesus.

Se o jovem se retira entristecido, não foi vã a sua iniciativa. Foi mais uma etapa verdadeira em sua busca pessoal, em seu caminho interior e espiritual. A lembrança desse dia o acompanhará por toda sua vida. Não há como duvidar disso. A lembrança desse encontro com Jesus o perseguirá, enquanto ele não reencontrá-lo. Isso ocorre com muitos jovens, até os dias de hoje. Quantos depois desse jovem não conhecerão esse mesmo desvio e depois, um dia, o retorno, o reencontro.

UM JOVEM EM BUSCA DA VIDA PLENA
Mt 19,16-30; Mc 10,17-31; Lc 18,18-30

Quando Jesus partia pela estrada,
veio um jovem correndo
e lançou-se de joelhos diante dele;

Perguntava-lhe:
– *Bom Rabi,*
que coisa boa devo fazer
para herdar a vida em perenidade?

Respondeu-lhe Jesus:
– *Por que me chamas de bom?*

Ninguém é bom, senão o Único: Deus.
Por que me perguntas sobre o que é bom?
E se queres entrar na Vida, guarda os mandamentos.

O jovem inquiriu:
– *Quais?*

Respondeu Jesus:
– *Não mates, não adulteres, não furtes, não digas falsos testemunhos, honra a teu pai e a tua mãe, e amas ao teu próximo como a ti mesmo.*

Replicou-lhe o moço:
– *Rabi, eu tudo isso tenho observado desde a minha infância;*
que me falta ainda? Que mais devo fazer?

Jesus olhou detidamente e começou a amá-lo.

E disse-lhe Jesus:
– *Só uma coisa te falta,*
se queres ser completo, maduro.
Vai vender tudo o que tens, e dá-o aos pobres,
e terás um tesouro nos céus.

Depois, vem acompanhar-me.

O jovem, porém, ouvindo estes preceitos,
ficou pesaroso.
E se retirou entristecido, perplexo:
Sim, ele possuía muitas propriedades.
Sim, era muito rico.
[...]

Os discípulos ficaram extremamente impressionados.
E dizem uns aos outros:
– *Assim, quem pode ser salvo?*

Jesus os fixou e disse:
– *Aos homens, impossível, mas não a Deus:*
Sim, tudo é possível a Deus.

E disse Pedro:
– *Eis, nós mesmos deixamos tudo e te seguimos.*

E Jesus lhes disse:
– *Na verdade vos digo:*
quem deixa casa,
ou pais, ou irmãos,
ou mulher, ou filhos,
ou campos por minha causa
ou por causa do anúncio,
receberá muito mais neste
mundo, neste tempo
e, na idade vindoura, a vida em perenidade.

Muitos dos primeiros serão os últimos,
E os últimos, os primeiros.

5 Por que um jovem não deve seguir Jesus?

Porque Jesus nunca convidou ninguém para segui-lo. E muito menos mandou ou pediu tal coisa. Teria sido um erro. O tão comentado seguimento de Jesus parece inspirado em leituras equivocadas dos textos e contextos evangélicos. Na Bíblia, a escrita é somente metade do texto. A outra metade é quem lê. E essa outra metade, ao longo de dois mil anos de tradução e tradição, muitas vezes perdeu o texto e o contexto.

Os chamamentos de Jesus, sua convocação de discípulos, são frequentemente apresentados pelas igrejas sob o império de uma ordem: siga-me. Dá até para imaginar Jesus estendendo o dedo em riste na direção de um jovem e ordenando: siga-me. Um pouco como nos cartazes norte-americanos do Tio Sam para convocar jovens soldados: eu preciso de você.

Na realidade, no texto grego dos evangelhos não está escrito seguir. Não se trata de seguir no sentido de vir atrás. Trata-se de um convite de Jesus para caminhar juntos. Acompanhe-me. Faça caminho comigo, com *eu*. Não se trata de seguir um líder político, religioso, sindical, ou ainda um capitão de coluna, como dá impressão tantas traduções da Bíblia. Ou pior, como afirmam alguns cristãos convictos: – Estou seguindo a Jesus Cristo.

Seguir evoca submissão. Isso não existe no verbo grego *ακολουτηεο*, empregado nos textos evangélicos sobre os chamamentos de Jesus aos jovens e discípulos. A palavra grega *κελευτηοσ* significa caminho, estrada, rota, trajeto, viagem. Quem vai junto com alguém pela mesma estrada o *acompanha*. Esse acompanhar deu origem ao termo acólito, da mesma raiz grega *ακῴλουτηοσ*. E não foi falta de opção verbal dos redatores evangélicos confrontados sempre em passar para o grego o que foi dito e vivido em aramaico. O verbo *ακολουτηεο* se opõe a outros verbos gregos que, eles sim, significam caminhar na frente, ir adiante, conduzir (*εγυμαι*) ou ainda mostrar o caminho ou guiar (*αρχηομαι*).

Ao longo dos séculos, o acompanhamento proposto por um igual no caminho derivou para ideia de submissão, de seguimento de um superior por um inferior. Segue-se Jesus no sentido de um dignitário acompanhado de seu séquito. Entre acompanhar e seguir a diferença é significativa. As consequências espirituais e psicológicas também. Ao contrário do seguir temeroso e submisso, acompanhar vai bem para os dois sujeitos.

Duas pessoas caminham juntas. O acompanhar, o fazer caminho em conjunto, evoca a igualdade na dignidade e na liberdade. E não na servidão ou na submissão dos que aceitam um jugo comum. Acompanhar fala do lugar de um com relação ao outro. Como no mito fundador de Adão e Eva, da mulher tirada do lado do homem (da costela de Adão), no Livro do Gênesis (2,21-22). Ela não foi tirada do pé (inferioridade), nem da cabeça (superioridade) de Adão, mas do seu lado (igualdade).

Para um casal, a companhia e o companheirismo significam que, graças à caminhada de dois seres diferenciados e livres, o *um ao lado do outro* pode se transformar no *um com o outro*. Isso se os dois souberem encontrar um justo caminho, uma justa proximidade e uma justa distância nessa relação.

Esse estar juntos, como estar ao lado (acólito), tem algo de sagrado, tanto na estrada, nas missas (acólitos), no leito conjugal (coito, *ακόλουτοσ*) e em *ακοιτισ*, a companheira de cama (como nos diálogos de Platão). O posicionamento de Jesus na caminhada é o mesmo proposto por Deus ao situar-se em relação a Moisés, quando os hebreus estavam no Egito da servidão: eu estarei ao teu lado. Eu estou contigo (Ex 3,12). Caminharei com você. Dois sujeitos, sem sujeição. Deus não vai à frente falar com o faraó. Ele está com Moisés. Ao lado.

Seguir tradicionalmente significa outra coisa, apesar de todo pretenso embelezamento exegético ou retórico entorno do seguimento de Jesus. No seguir, alguém saiu na frente, saiu primeiro. O segundo o seguiu. Não é o seu movimento, nem o seu sentido próprio. O primeiro determina o caminho. A pessoa se entrega a *um outro*, como um servidor, mudo e servil. Ela se aliena, como um bem. Torna-se alienada. Um objeto. E isso é tentador para um jovem: delegar seu futuro, suas responsabilidades e suas opções a *um* outro.

Quantas vezes isso acontece nas relações humanas: entre dois, um se torna o único falante. O outro fica mudo. É frequente em casais, famílias, amizades e comunidades. Não é apenas o mudo quem desaparece. Aquele que tolera que o outro não fale, poderia ser ele mais sujeito que o seu seguidor emudecido? Não. Os dois se aniquilam. A estrada está vazia. Nunca há ninguém num caminho onde um é mais que o outro.

No Evangelho de Lucas (9,23), Jesus é claro: "Se alguém quiser vir atrás de mim, negue em si mesmo esse desejo. Manuseie a sua cruz *todo dia* e caminhe comigo" (*ακολουθειτω μοι*). Trata-se de um convite a renunciar ao desejo de seguir, de vir atrás. Trata-se de um convite a dizer não (*αρνεομαι*) a esse desejo de sujeição, submissão e alienação. Esse é o convite de Jesus ao desejoso. E não um chamado à escravidão e à alienação.

Para aqueles que desejam vir atrás, o tratamento é duro. Eles impedem a progressão na caminhada. O Apóstolo Pedro faz isso em dado momento. Pedro se põe atrás de Jesus, e tenta dissuadi-lo de enfrentar o suplício e a morte. *Jesus se vira e diz a Pedro: – Para trás de mim, satanás! Tu me és um tropeço. Não pensas como Deus, mas como os homens* (Mt 16,23).

Intérpretes da Bíblia muitas vezes leem esses textos no sentido do esmagamento do sujeito: Quem quiser me seguir, negue-se a si mesmo, tome a sua cruz e siga-me. E assim está em muitas traduções. Para seguir alguém é necessário se anular, não existir mais. Nessa linha, isso parece bem: desaparecer para que somente aquele que se segue exista. Um convite de negação da autonomia humana. Nada menos compatível com a boa-nova da vida plena.

A caminho de Jerusalém com seus discípulos (Lc 9,57-62), Jesus convida: "Caminhe comigo. Acompanhe-me". As traduções em geral dizem "Siga-me", como no episódio do jovem rico (Mt 19,21). A convocação de Jesus de seus discípulos é traduzida como uma ordem e não um convite. Aqui Jesus não dá ordens. Ele estende um convite de companheirismo, de companhia.

Um dos convidados, no relato de Lucas, aparentemente um jovem, respondeu: – *Permite primeiro que eu vá sepultar meu pai* (Lc 9,59). Estranha e surpreendente essa resposta. O que faz esse jovem na beira do caminho com seu pai já morto em casa? Seria concebível alguém, com um pai morto em casa, ficar numa beira de estrada olhando o movimento? O que espera esse jovem? O que busca esse jovem? Ele não quer acompanhar, ele quer seguir e obedecer. Ele não quer crescer.

O texto bíblico revela: no fundo, esse jovem espera ordens. Como na atitude de tantos jovens face aos desafios da vida. O verbo grego *επιτρεκο* (ordenar, transmitir, legar, confiar) evoca mais uma missão do que uma autorização: ordena-me de enterrar primeiro o meu pai. Jesus lhe disse: – *Deixa os mortos sepultarem seus próprios mortos; mas você vá anunciar o Reino de Deus*. Quantos jovens preferem receber ordens ao invés de decidir? Muitos foram educados para isso, para a dependência.

A esse pedido de missão com relação a um pai morto, Jesus responde por um verbo diferente, em grego *απηιεμι*, um deixar acontecer, deixar andar, rolar. Se alguém deseja enterrar seu pai, que o faça. Nenhuma autorização é necessária. Jesus indica: estar vivo e anunciar são sinônimos. Ao invés de negar a autorização a um vínculo com o que ficou para trás, Jesus inverte o problema: não é mais necessária essa autorização. Deixa os mortos e vá. Nasça e deixe os mortos. Até matando simbolicamente os pais quando necessário.

Como uma placenta que não serve mais, a família deve ser deixada, enquanto um lugar de animalidade e de servidão. O jovem é chamado da morte para a vida e não o contrário. A morte é o primeiro estado. O jovem se liberta da morte pelo chamado divino e vai servir livremente a Palavra. Ao se libertar da família, o jovem destrói também ele mesmo, enquanto criança-jugo.

A criança é um jugo. Ela junta os pais no trabalho necessário de alimentação e criação. Como o jugo junta uma parelha de bois no trabalho agrícola. O filho, ao libertar-se das amarras, desamarra também aqueles de quem ele se liberta. O jugo precisa ser destruído. Psicologicamente, ninguém é doente sozinho, mas em relação com os outros. O sarar é também em relação aos outros.

Existem relações que adoecem. Existem relações que curam. Essas são as propostas aos jovens da parte de Jesus. Não se entregue a ideologias ou crenças alienantes. Não deixe a serpente decidir por você, como Adão e Eva no paraíso. Não abdique de seu direito de saber, buscar, pensar, criticar e decidir. Existem pessoas que até para comprar feijão na feira consultam sua igreja, seu pastor, seu deus. Não fique atado e sujeitado a relações de servidão, nem na família, nem no trabalho, nem em lugar algum. Não transfira suas decisões e sua autonomia. Assuma suas responsabilidades. Você tem direito de errar. Não fique só. Você não está só. Seja fiel às suas exigências interiores e não somente às cobranças exteriores. Em marcha. Jesus convida: *caminhemos juntos*.

CONVITES AO COMPANHEIRISMO

Indo adiante dali,
viu Jesus um homem chamado Mateus,
sentado na coletoria de impostos,
e disse-lhe:
– *Acompanha-me!*
Este, levantando-se, o acompanhou
(*ακολουθησεν αυτω*).
Mt 9,9

Então disse Jesus aos seus discípulos:
– *Se alguém quer vir atrás de mim,*
negue-se a si mesmo (esse desejo),
tome a sua cruz
e acompanhe-me (*ακολουθειτω μοι*).
Mt 16,24

Ao passar,
viu Levi, o filho de Alfeu,

sentado na coletoria (de impostos),
e disse-lhe:
– *Acompanha-me!*
Ele se levantou e o acompanhou (*ακολουθειτω μοι*).
Mc 2,14

Chamando a multidão,
juntamente com seus discípulos,
disse-lhes:
– Se alguém quiser vir após mim,
negue-se a si mesmo (esse desejo),
tome a sua cruz e acompanhe-me (*ακολουθειτω μοι*).
Mc 8,34

Depois disso, saiu,
viu um publicano, chamado Levi,
sentado na coletoria de impostos
e disse-lhe:
– Acompanha-me! (*ακολουθειω μοι*).
Lc 5,27

Ouvindo, Jesus disse-lhe:
– Uma coisa ainda te falta.
Vende tudo o que tens, distribui aos pobres
e terás um tesouro nos céus;
depois vem e acompanha-me (*ακολουθει μοι*).
Lc 18,22

6 Jesus veio separar pais e filhos?

Sim. No Evangelho de Mateus, num texto emblemático e incontornável, Jesus diz: – *Não pensem que eu vim trazer paz à terra; eu não vim trazer a paz, e sim a espada. De fato, eu vim separar o filho de seu pai, a filha de sua mãe, a nora de sua sogra. Os inimigos do homem são as pessoas de sua casa* (Mt 10,34-36).

O que Jesus está propondo? Uma guerra familiar? Uma das chaves para compreensão desse texto polissêmico está no significado da palavra espada, empregada por Jesus. Trata-se de uma espada diferenciadora e não de uma arma. O sentido dessa espada, desse gládio, em grego *μαχαιραν*, não significa a arma de combate, a espada dos soldados, mas inicialmente o grande punhal usado nos sacrifícios religiosos.

Ao invés de levantar os familiares uns contra os outros, como em certas traduções antigas da Bíblia em português, o significado é o de separar. Hoje, parte das traduções mais recentes resgatou o sentido de "fazer dois", de dividir, de separar em dois o que poderia querer se tornar um se a espada não chegasse a tempo.

Como entender o sentido diferenciador dessa espada convocada por Jesus? Como entender essa espada que cada um deve convocar e portar em sua vida? Para isso são esclarecedores diversos relatos bíblicos envolvendo a convocação dessa espada. Entre eles, é por demais conhecido o episódio das duas prostitutas diante de Salomão, reivindicando a maternidade de um mesmo e único filho (1Rs 3,16-28).

Foi assim. Duas prostitutas tiveram filhos. Podiam ser duas vizinhas, dois parentes, mas não. Na história bíblica eram duas prostitutas. Vai saber quem terá sido o pai de cada uma dessas crianças. Clientes? Uma prostituta era tão possessiva, tão apegada a seu filho, que não se separava dele nem para dormir. Ela dormia na mesma cama com seu filho. Como ocorre com pais possessivos, ela terminou por sufocar seu filho. Aqui no sentido físico. Ao dormir sobre o bebê, durante a noite, a mãe o asfixiou.

A segunda prostituta tinha maior separação com o filho. Dormiam separados. A mãe já não pesava tanto sobre o filho. A outra prostituta, ao constatar a morte de seu filho, durante a noite trocou os bebês. O conflito chegou até Salomão, diante do qual as duas prostitutas reivindicavam ser a mãe da criança viva.

Quem era a mãe verdadeira? As duas se proclamavam mãe do bebê. Não havia pai nem família para pronunciar-se. Salomão, diante do impasse, convoca a presença da *espada*. Ele sugere dividir o bebê ao meio e entregar metade da criança a cada mulher.

O que faz a mãe verdadeira? Ela "toma" essa espada entre as mãos. No sentido que Jesus convida cada um, todo dia, a tomar sua cruz. Com essa espada, a mãe verdadeira corta seu vínculo com o filho. Ela proclama: – Não matem esse bebê. Ela é a mãe. O filho é dela. E o entrega à outra mulher. *A mãe verdadeira ama mais seu filho do que sua ligação a ele*. A mãe verdadeira está disposta a sacrificar sua ligação, seu vínculo com o filho, para salvá-lo. A verdadeira mãe aceita a espada, invocada por Salomão. A espada passa entre ela e seu filho, para que este viva.

Ao falar, a mãe verdadeira não aceita a arbitragem proposta por Salomão. Pelo amor, no desapego, ela escreve a história, sob a sombra redentora da espada do sacrifício. Quem a manipula não é violento com o outro. É violento consigo próprio. Ela é usada para cortar amarras, desapegar-se, desatar nós e ir contra determinados desejos ou anseios. Essa espada de dois gumes, espada de fogo, é a guardiã da árvore da vida na entrada do paraíso, lá no relato do Gênesis (3,24). Ela pode representar a vida para quem se faz espada, como a mãe verdadeira. Ela também pode significar a morte para quem não entra na sua exatidão, como nas palavras do Profeta Ezequiel (21,14).

Cada jovem pode medir-se com essa espada. É o julgamento de que fala Jesus: "Eu vim a este mundo para um julgamento, a fim de que aqueles que não viam vejam, e aqueles que viam se tornem cegos" (Jo 9,39). A diferença entre "eu te amo porque você é meu" e "eu te amo porque você é seu" tem a dimensão da lâmina de uma espada. Quem é capaz de dizer e viver isso com uma namorada, com a esposa, com um filho? Essa atitude inconsciente ou implícita depende da inteireza do ser. Ela pode decidir a felicidade ou a desgraça do jovem, sua vida ou sua morte.

A ideia de pacto, contrato e casamento traz imagens de ligação e nós atados. Muitos jovens associam a ideia do casamento a essas imagens de união, de aliança, de amarras. A aliança não é um símbolo de união e sim de separação. Colocada num dedo, ela o divide em dois. Antes de receber uma aliança, o dedo é uno. Com a aliança ele fica dividido em dois. O que isso significa? Dois seres separados, autônomos e livres decidiram aliar-se, unir-se, sem perder suas identidades.

O hebraico bíblico diz textualmente: "cortar" uma aliança com alguém. No texto bíblico, Deus só celebra sua aliança com seres separados e diferenciados. Seres únicos e originais. E assim deveria ser entre os humanos.

Na Bíblia é assim: dois reis, separados, cada um com seu reino, com sua identidade e seu exército, "cortam" uma aliança numa guerra. E combatem juntos contra o mesmo adversário. Após a vitória, cada um retorna à sua plena identidade. Ninguém perdeu identidade nessa união. No casamento, dois seres separados, cada um com sua identidade, unem-se. Preservam suas próprias características, respeitam-se e não se fundem de forma ilusória.

No Livro do Gênesis o homem é chamado a deixar seu pai e sua mãe (diferenciados) e não seus pais. E unir-se a sua mulher. Simetricamente, a mesma coisa aplica-se às mulheres. – *O homem deixará seu pai e sua mãe, se unirá à sua mulher e serão uma só carne* (Gn 2,24). Como um homem poderia fazer isso se a nora fosse igual à sogra? Se sua esposa fosse igual à sogra, ele estaria trazendo para sua casa a própria mãe. Ele estaria voltando para a própria mãe. E quantos homens casados não engajam suas vidas nesse caminho. Eles buscam a mãe na esposa. Quando enfim ela assume esse papel materno de cozinhar, alimentar, cuidar etc., eles buscam o sexo fora do casamento. Não se faz sexo com a progenitora.

A tragédia de Édipo, já evocada em outro capítulo, é o exemplo desse curto-circuito do desejo. Ele pensava estar casando com uma estrangeira, de outra cidade, quando na realidade casou-se com sua própria mãe. A preocupação com a diferenciação é permanente na Bíblia. De fato, Jesus veio para separar, para fazer dois, para diferenciar o filho de seu pai, a filha de sua mãe, a nora de sua sogra. Separar pai e filho, diferenciar filha e mãe é um trabalho da espada. Ela opera inclusive entre não parentes, entre nora e sogra.

No episódio mítico do sacrifício de Isaac (Gn 22,1-18), Abraão se separa de um filho que não lhe pertencia. Ao aceitar o pedido de Deus para que lhe sacrificasse seu filho, Abraão sacrifica o vínculo possessivo e estéril com seu único descendente. O filho que se tornasse um com seu pai se tornaria a mesma coisa que seu pai. E o mesmo ocorreria à filha com sua mãe. Essa ausência de separação está na origem de tantas infelicidades e desgraças. São pessoas que mantêm com um dos pais um estado fusional, parecido à situação intrauterina onde dois formavam um. Elas são incapazes de deixar essa relação e assumir uma aliança com o Outro.

Quem é a mãe verdadeira segundo Salomão? É aquela que ama seu filho mais do que sua ligação com ele. É aquela que sacrifica sua ligação possessiva com o filho. Enquanto a outra mãe, possessiva, é apresentada no texto como tendo sufocado e matado involuntariamente seu filho, por dormir com ele na mesma cama. Quem é o pai verdadeiro? Aquele que ama mais seu filho do que o vínculo que os une.

A juventude é um tempo de cortes e separações. Essa espada não pode ser manipulada cegamente. Nem pode estar cega. Ela deve ser afiada na mó do amor e do Absoluto. Ela leva o jovem ao abandono dos comprometimentos com modelos externos imobilizadores. Todo jovem é ajudado pela autoestima, pela autodisciplina e pelo autoconhecimento. A instauração desse reinado do ser é misteriosamente distribuída entre os jovens. Ela não depende de dinheiro, história e sequer de inteligência. Ela não fecha horizontes, nem encerra perspectivas para ninguém. Um filho ao chegar – em qualquer condição ou circunstância – nunca fecha horizontes e nunca encerra nenhuma perspectiva para o casal ou para as famílias.

– *Não pensem que eu vim trazer paz à terra; eu não vim trazer a paz, e sim a espada. De fato, eu vim separar...* (Mt 10,34-36). Jesus não veio trazer a guerra. Ele soube separar-se de seus pais e de sua herança cultural e religiosa, ultrapassando-a. Ele veio para separar, para reduzir as fusões e as confusões, para possibilitar a cada jovem de assumir sua identidade única, seu caráter único, sua voz. A vida humana de Jesus dá amplas indicações nesse sentido. Só os próprios jovens podem mexer em si mesmos e superar a via robotizada e possessiva cada vez mais imposta pelos modelos familiares, culturais e sociais. São muitos conselhos, ordens, métodos e caminhos propostos por adultos, mestres e líderes.

O essencial não se ensina. Ele só pode ser vivido interiormente, de dentro para fora, como fruto de uma maturação interior e progressiva do jovem. Passo a passo. Os jovens assim encontram e encontrarão incompreensão e hostilidade. – *Os inimigos são as pessoas de sua casa*, dirá Jesus (Mt 10,36). A contradição de jovens diferenciados em relação ao mundo é tão irredutível que penetra no interior e na intimidade das famílias. Os laços afetivos tornam mais áspera a reprovação para aquele cujo comportamento, em conformidade com suas convicções, com sua fé, o afasta dos seus (Mc 3,20-22; 3,31-34; Mt 13,53-58). São pessoas assim, fiéis às suas exigências interiores que, sem sabê-lo, pela simples presença, como uma espada, singular e diferenciada, ajudam a criar comunidades e não apenas coletividades, verdadeiras famílias e não apenas pessoas vivendo sob o mesmo teto. São jovens livres e diferenciados, e não seres uniformes e uniformizados.

A SEPARAÇÃO DOS FILHOS E DOS PAIS

Não pensem que eu vim trazer paz à terra;
eu não vim trazer a paz, e sim a espada.
Sim, eu vim separar o homem de seu pai,
a filha de sua mãe,
a nora de sua sogra.
Os inimigos do homem

são as pessoas de sua casa.
Mt 10,34-36

Pensais que vim para estabelecer
a paz sobre a terra?
Não, eu vos digo, mas a divisão, a separação.
Sim, doravante, cinco numa casa se dividem:
três contra dois e dois contra três.
Dividem-se pai contra filho e filho contra pai;
mãe contra filha e filha contra mãe,
sogra contra nora e nora contra sogra.
Lc 12,51-54

ENTRE A VIDA E A MORTE, A ESPADA DA JUSTIÇA

1Rs 3,16-28

Então vieram duas mulheres prostitutas ao rei.
Elas se puseram diante dele.

E disse-lhe uma das mulheres:
– *Ah! Senhor meu!*
Eu e esta mulher moramos na mesma casa.
Eu tive um filho, estando ela naquela casa.

No terceiro dia, depois do meu parto,
essa mulher teve um filho também.
Nós estávamos juntas;
nenhum estranho estava conosco na casa;
somente nós duas naquela casa.

E, de noite, morreu o filho desta mulher,
porquanto ela se deitara sobre ele!

E levantou-se no meio da noite, e tirou o meu filho perto de mim.
Tua serva dormia. Ela o deitou em seu seio;
e o seu filho morto deitou no meu seio.

De manhã, eu me levantei para dar de mamar ao meu filho, eis:
Ele estava morto!

Atentando pela manhã para ele, eu o distingo:
não era meu filho, que eu havia tido.

A outra mulher disse:
– *Não! O vivo é meu filho; e teu filho o morto.*

Porém esta disse:
– *Não! O morto é teu filho; e meu filho o vivo.*

Assim falaram diante do rei.

Então disse o rei:
– *Esta diz: Este que vive é meu filho, e teu filho o morto; e esta outra diz: Não, por certo, o morto é teu filho e meu filho o vivo.*

Disse mais o rei:
– *Trazei-me uma espada.*
E trouxeram uma espada diante do rei.

E disse o rei:
– *Dividi em duas partes o menino vivo;*
e dai metade a uma, e metade a outra.

Mas a mulher, cujo filho era o vivo, falou ao rei (porque as suas entranhas se lhe enterneceram por seu filho),
e disse:
– *Ah! Meu Senhor! Dai-lhe o menino vivo!*
De modo nenhum o mateis!

Porém a outra dizia:
– *Ele não será nem teu, nem meu! Dividi-o.*

Então respondeu o rei, e disse:
– *Dai a esta o menino vivo!*
De maneira nenhuma o mateis:
esta é sua mãe.

E todo Israel ouviu o juízo dado pelo rei.
Eles temem diante do rei.
Sim, eles viram que havia nele a sabedoria de Deus para fazer justiça.

7 Ô mocinho, quem você pensa que é?

Contrariados, ofendidos, maltratados e, às vezes, apenas desafiados ou provocados, muitos jovens reagem. – *Eu vou mostrar para ele quem eu sou!* Péssima ideia. Ou pior ainda, quando atendem a um colega que aconselha: – *Mostre a ele quem você é!* Péssima sugestão. Quem é não precisa mostrar, nem provar: nem nada, nem para ninguém.

Quem deixaria de ser por injúrias, calúnias, decepções ou desavenças? Muito menos por desacato. Quando um jovem parte para provar a alguém quem ele é, está na trilha do fracasso, beira a violência e pode romper definitivamente laços preciosos. Cegado por seu egoísmo e por uma autoimagem inflacionada, um jovem pode até cometer atos graves, irreparáveis ou irreversíveis.

A melhor prova do você é, é o testemunho da sua existência. A melhor prova são os gestos de sua vida e as intenções interiores que animam seu cotidiano. Mesmo para uma pessoa centrada, a maior das tentações é sempre esta: *prove quem você é*. Inclusive fazendo o bem. Foi o que aconteceu com o jovem Jesus no início de seu ministério.

Como é público e notório, o diabo tem feito cursos de reciclagem e de pós-graduação. Ele não se apresenta mais com chifres, pele vermelha, rabo pontudo e cheiro de enxofre. Não aparece propondo o mal e a maldade. Não, não. Depois de seu MBA, ele age de outra forma. Ele apresenta-se vestido dentro da moda, sem exageros. Perfumado de suaves fragrâncias. Ele propõe à pessoa mostrar quem ela é, fazendo o bem diante de todos, num gesto público, num sacrifício político, aceitando um cargo ou um encargo. Ele é muito esperto.

Foi assim na tentação de Jesus, segundo os relatos dos evangelistas (Mt 4,1-11; Mc 1,12-13; Lc 4,1-13). Depois do seu batismo, o jovem Jesus foi levado pelo Espírito para o deserto. Inspirado, Ele ficou por lá, sozinho, meditando. Depois de 40 dias e 40 noites sem comer, segundo os evangelistas, Ele devia estar com fome. Não é para menos. Na realidade, na tradição judaica, o número 40 significa "muitos". Podem ser 40 anos errando entre o Egito e Israel, podem ser 40 dias no deserto... Enfim seu emprego evoca um tempo longo, cuja duração exata não se conhece. Não devemos nos ater ao número e, sim, ao esforço que ele representa.

Diante de um Jesus com fome e com sede de coisas divinas, o adversário aproveita a adversidade, como sempre. Satã chegou e o interrogou. – *Vamos ver como anda sua encarnação. Vamos ver o quanto você é o que diz ou aparenta ser. Prove para você mesmo quem você é*. É bem mais razoável e legítimo do que provar para os outros. O *mal-igno* é *mal-andro* e *mal-icioso*.

O risco do ridículo era mínimo. O de ofender alguém, também. Jesus estava só. No meio do deserto.

– *Prove para você mesmo quem você é. Se você é o filho de Deus, transforme estas pedras em pão. E coma. Merecidamente. Para mim, você não precisa provar nada. Prove para você.* Muito sutil.

Quando nos olhamos no espelho e perguntamos quem somos, colocamo-nos à beira de algo vertiginoso. Quem sou eu? Uma coisa é certa. Somos mais, muito mais do que imaginamos e vemos diante de nós. Aquilo refletido no espelho é apenas uma infinitésima parte do que somos. Somos imensidão e eternidade. Somos "além" de uma imagem no espelho ou de uma velha fotografia de infância ou juventude. Somos homens e mulheres em busca de nossa humanidade. No deserto, o jovem Jesus sabe disso.

Ele vive progressivamente o mistério de sua encarnação e de sua filiação a Deus. Ele responde: não. Não provará nada. O diabo cita as escrituras sagradas, a Torá, para convencê-lo de fazer um *milagrinho*. Cuidado com pessoas que chegam citando as Escrituras: no capítulo número tal, no versículo número tal. Satanás e seus piores manipulados conhecem e citam a Bíblia de cor e salteado.

Jesus também conhece, vive e cita as Escrituras, hoje chamadas de Antigo Testamento. Como judeu devoto, de linha farisaica, Jesus cita as Sagradas Escrituras, sua amada e abençoada Torá. Nem só do pão viverá o homem, mas de toda Palavra que sai da boca de Deus, dirá Jesus. E encerra esse primeiro embate. *Satã* não tem pressa. Como diz o Evangelista Lucas, o diabo vai aguardar "até o tempo oportuno".

Deus já havia constatado e declarado: o homem ganharia o pão com o suor de seu rosto. Desde quando deixou o jardim do Éden. O mesmo vale para o pão da Palavra. É preciso trabalho e ardor para receber o alimento celeste, a Palavra de Deus. Jovem: é necessário suar a camisa. Esse alimento celeste não vem por casualidade, por andar com a Bíblia debaixo das axilas ou por trocas mercantilistas e interesseiras com o divino: eu te dou isso em troca daquilo. Ele aponta um rumo de identidade interior: buscar a Palavra de Deus. Esforçar-se na missão. Trabalhar-se interiormente. Fazê-lo sem querer provar nada.

Não prove nada a você, nem a ninguém. Rejeite essa tentação. Sua vida é sua prova. Seja. Não diga. Seja. Não faça. Seja. Leve suas intuições interiores, seus chamados interiores, com fidelidade. Em pequenos gestos e atitudes cotidianas. Em meio à aridez cotidiana e à solidão existencial. Seja. Não traia suas convicções. Seja responsável com relação aos humildes, aos mais frágeis e pequeninos. O termo responsável vem do latim re-*sponsa*, esposa, esposar. Trata-se de um casamento. O jovem se torna responsável toda vez quando ele se casa, quando desposa, quando se re-*sponsa*-biliza com seus irmãos, com sua comunidade, com seus estudos, com a busca de uma profissão, com seu trabalho, com sua militância. Sem esses casamentos cotidianos é difícil estar preparado para o casamento, para a vida conjugal e outros compromissos.

Jovem, obedeça a seus chamados interiores mais sagrados. Mesmo se eles exigem trabalho, esforço, suor e se, por vezes, vão contra toda lógica. Suar é sadio.

Por isso é bom praticar esportes, malhar, ir a academias, saunas etc. Coisa típica de muitos jovens. Mas suar também é santo. Os peregrinos de Santiago de Compostela, na Espanha, depois de muita caminhada, impregnavam a igreja com o cheiro de seu suor. E os padres diziam: – *Olor de santidad*. Odor de santidade. Ao cumprir sua missão até o fim, Jesus suou tanto, mas tanto, que marcou um lençol por toda eternidade: o santo sudário. Igual aquele exposto na Catedral de Turim, na Itália. Uma das provas do que foi, Aquele que É o que É.

Jovem, seja sempre, você mesmo, a prova do que você é e quer ser.

SEJA A PROVA DO QUE VOCÊ É

Lc 4,1-13; Mt 4,1-11; Mc 1,12-13

Jesus, cheio do Espírito Santo,
voltou do Jordão.

Ele foi conduzido pelo Espírito ao deserto.
E durante quarenta dias
foi posto à prova pelo diabo.
Ele nada comeu durante esses dias.
Passado esse tempo, teve fome.

Disse-lhe, então, o diabo:
– *Se és filho de Deus, manda que esta pedra*
se transforme em pão.

Replicou-lhe Jesus:
– *Está escrito: Não só de pão vive o homem,*
Mas de toda a palavra que sai da boca de Deus.

E, conduzindo-o ao alto,
ele lhe mostrou num instante
todos os reinos do universo e sua glória.

E o diabo disse-lhe:
– *Eu te darei toda autoridade sobre eles*
e a sua glória.
Sim, ela me foi entregue e eu a dou a quem eu quiser.

Por isso, se te inclinares e te prostrares diante de mim,
toda ela será tua.

Replicou-lhe Jesus:
– *Vai-te satanás!*
Sim, está escrito:
Prosta-te somente diante do Senhor teu Deus.
Só a Ele servirás!

Conduziu-o depois a Jerusalém,
levou-o ao topo do santuário, e disse-lhe:
– *Se és Filho de Deus, joga-te daqui para baixo.*
Está escrito: Ele dará ordem a seus anjos a teu respeito, para que te guardem.
E ainda:
E em suas mãos, eles te levantarão,
para que teu pé não se choque
contra nenhuma pedra.

Mas Jesus lhe respondeu:
Também foi dito:
Não ponhas à prova ao Senhor, teu Deus.

Tendo esgotado toda a prova,
o diabo afasta-se até o tempo fixado,
o tempo oportuno.

E eis que os anjos aproximam-se dele; e o servem.

Jesus voltou então para a Galileia, com a força do Espírito.
O rumor corre por toda a região ao redor sobre Ele.

8 Para um jovem, viver é preciso?

Não, não é. Aliás, não é nada preciso. Foi o escritor romano Plutarco (106-48 a.C.) quem, no livro *Vida de Pompeu*, atribuiu a esse general romano a frase: *Navegar é preciso, viver não é preciso*. Em latim *Navigare necesse est, vivere non necesse*. Durante uma forte tempestade no Mediterrâneo, o General Pompeu (*Cnaeus Pompeius Magnus*) teria dito essa frase a seus temerosos marinheiros quando traziam alimentos da África para Roma em plena guerra.

Essa frase foi retomada como um lema da Liga Hanseática, cujos barcos enfrentaram muitas tempestades. Essa aliança de cidades mercantis estabeleceu e manteve um monopólio comercial sobre quase todo norte da Europa e Báltico, entre os séculos XIII e XVII. Bem mais tarde a expressão retomou ares de convocação ao heroísmo na obra de Gabriele d'Annunzio (1863-1938), poeta e dramaturgo italiano, herói de guerra, de excêntrica carreira política. Suas ideias nacionalistas inspiraram Benito Mussolini. O futuro líder fascista retomou esse adágio romano em um famoso artigo no jornal *Popolo d'Italia* em 1920. A leitura voluntarista de Mussolini deu no que deu: uma tragédia tempestuosa para o povo italiano.

Navegar é preciso, viver não é preciso. Essa frase também está associada às descobertas marítimas dos portugueses, como um lema dos heroicos exploradores dos mares nunca dantes navegados. Quantos navegantes portugueses não perderam a vida em tempestades, sobretudo ao tentarem dobrar o Cabo das Tormentas, entre o Oceano Atlântico e o Índico. Essa frase é o título de um poema de Fernando Pessoa em que ele exalta os ideais patrióticos e gloriosos. "Viver não é necessário; o que é necessário é criar. Não conto gozar a minha vida; nem em gozá-la penso. Só quero torná-la grande, ainda que para isso tenha de ser o meu corpo e a (minha alma) a lenha desse fogo." E essa frase foi retomada no refrão de um fado composto por Caetano Veloso: *Os argonautas*.

Com o advento e o aperfeiçoamento do astrolábio, do sextante e das técnicas de navegação no século XVI, a ciência náutica portuguesa ganhou enorme precisão. Ao dirigirem-se às Índias, os navegantes lusitanos ficavam cerca de 90 dias no Atlântico sem ver terra alguma e sabendo onde estavam. Navegando com precisão, graças às ciências náuticas. Navegar tornou-se algo preciso. Quanto mais hoje, com todos os recursos tecnológicos, como o uso de satélites de posicionamento global. Mas o viver dos homens nunca foi preciso. Os navegadores sabiam onde estavam, onde estavam chegando. Mas não tinham ideia do que a vida reservava para eles, do que os aguardava em cada enseada, em cada porto. O navegar ganhou precisão geográfica. O viver, não.

Viver não é uma ciência exata. A vida é imprevisível. Viver não é preciso. Viver é necessário. Mas não há astrolábio ou sextante que dê precisão ao viver. Por isso a vida deve ser levada muito a sério. O que reservará a vida a cada jovem? Diante dos medos, angústias psicológicas e receios naturais nessa idade, cabe lembrar o discurso pronunciado pelo General Lorens Lowenhielm, evocando um Salmo (85,10), no final de uma ceia no filme *A festa de Babette* de Karen Blixen:

> Na sua fraqueza e miopia, o homem acha que tem de fazer uma escolha na vida.
> E teme o risco que corre.
> Nós conhecemos o medo. Mas não...
> Toda escolha é sem importância.
> Chegará a hora que os olhos se abrirão.
> E finalmente reconheceremos que a Graça não tem fim.
> É só esperar confiante para receber a gratidão. A Graça não exige nada.
> E veja: tudo o que escolhemos nos foi dado.
> E tudo do que desistimos também nos foi concedido.
> Sim, teremos ainda de volta o que jogamos fora.
> Piedade e virtude se unem.
> Justiça e paz se abraçarão uma à outra.

Navegar é preciso, viver não é preciso. Talvez essa frase também possa ser entendida no sentido da humildade e não da prepotência. Pode acontecer tanta coisa ainda na vida de um jovem. E também no sentido da confiança e não do medo: a vida ainda trará tantas coisas boas e desafiadoras para cada jovem. Nem tudo é conquista. Muito é graça, bem-querer divino. Basta confiar. Vem gratuitamente. Jesus convida a entregar a vida, tão imprecisa e imprevisível dos jovens, nas mãos de Deus. Não se preocupe. Ocupe-se. Leve sua vida a sério. Considere com atenção as exigências que brotam em seu coração.

Aos preocupados com o futuro, com a cotação das ações, com a crise na Europa, com o aquecimento global, com a desvalorização do dólar, com o vestibular, com a moda, com a violência urbana, com o desemprego e com tantas tempestades na vida de cada um, Jesus convida a relaxar, a dar um espaço para a contemplação em meio a tanta ação. Nada melhor para repousar o turbilhão de preocupações, ações e angústias do que contemplar a natureza:

> Olhai as aves do céu: não semeiam, nem colhem, nem armazenam em celeiros. Mas vosso Pai celeste as alimenta. Não sois vós muito mais preciosos do que elas? Qual de vós pode, com sua ansiedade, acrescentar à sua altura um único côvado? E com a roupa, por que andais preocupados? Aprendei dos lírios do campo, como crescem, sem se cansar nem fiar. Ora, eu vos asseguro que nem Salomão, em toda a sua glória, vestiu-se como um deles (Mt 6,26-30).

O jovem é convidado a buscar primeiro o Reino dos Céus dentro de si, de cada um, e a viver sua vida interior com confiança. E responsabilidade. Com isso ocupar-se e não preocupar-se, nem apegar-se a ilusões materialistas e superficiais. É quase impossível viver fora de modismos e aparências no cotidiano. Ser, parecer e aparecer andam juntos na sala de aula, na escola, na faculdade, nas festas. A consciência do mistério do ser humano ajuda a relativizar o apego aos bens materiais, a se interrogar sempre sobre sua real necessidade. É um grande desafio para o jovem equilibrar-se entre o relativismo e o fundamentalismo, e ser fiel e persistente em seus objetivos. Será um grande desafio, para qualquer um, pensar seus projetos pessoais a partir de sua individualidade e não do individualismo. O Salmo evocado diz: *A verdade germina da terra e a justiça se inclina do céu. O próprio Senhor dá a felicidade, e a nossa terra dá a colheita* (Sl 85,12-13).

Às vezes, em plena tormenta, é necessário fechar os olhos para ver. Foi assim num episódio evangélico emblemático sobre a tempestade no Lago de Genesaré e o barquinho dos discípulos. O Evangelista Marcos (4,35-41) relata como o convite de Jesus, para passarem à outra margem, transformou-se num pesadelo. O Lago de Genesaré fica 200m abaixo do nível do mar e é cercado por colinas e pelos contrafortes das montanhas da Síria e do Líbano. Os árabes o chamam de *Ain Allah*, o olho de Deus. É um lago tranquilo, mas de um momento para outro pode mudar completamente. No verão, uma sucessão de dias ensolarados gera uma zona de baixa pressão. Subitamente, os ventos caem quase verticalmente sobre a superfície da água, provocando ondas e impedindo a navegação. "Igualadas" as pressões, tão instantaneamente como começam, essas tempestades desaparecem. O relato de Marcos, para alguém navegando ou perdido no lago, evocaria um milagre. Para um observador situado nas margens, uma coisa normal, comum.

Durante a travessia, Jesus fecha os olhos. E dorme. Sobrevém uma forte ventania. As ondas enchem o barco de água. Em meio à tempestade, Jesus dorme, na popa, sobre uma almofada. É despertado por homens angustiados. Eles rogam por suas vidas. Ele acalma o vento, o mar e os corações agitados e trata seus discípulos de medrosos, de homens de pouca fé, de pouca adesão (Mc 4,35-41).

Esse "olho de Deus" pode evocar coisas muito diferentes conforme a concepção religiosa de cada jovem. O que revela esse texto sobre Deus e a visão dos humanos dos acontecimentos em suas vidas? Depende da concepção religiosa, da capacidade de alegoria, de poesia e de abertura mística e artística de cada um. Para um jovem que lê o Evangelho ao pé da letra, ele mostra o humano como um brinquedo nas mãos de Deus. Um dia escapamos de um acidente, de uma enfermidade ou de uma desgraça e agradecemos a Deus. Outro dia, vitimados, imploramos a Deus piedade e compaixão. Os eventos deste mundo caem sobre as pessoas como vontade divina, cujos desígnios não se podem alcançar completamente. Segundo sua vontade, Deus pode respeitar as leis da natureza ou violá-las com milagres. Nessa perspectiva, se Deus cuidasse diretamente de sua criatura, passaria seu dia a arrancar postes da frente dos carros, a amparar prédios para não desabarem, a desviar balas e pedras, a parar raios, a deter enchentes e deslizamentos, a impedir tumores de se desenvolverem etc.

Não é verdade que um dia escapamos às leis da natureza e no outro somos vitimados. Como dizia o filósofo Leibniz, Deus criou o mundo da melhor maneira possível, inclusive com suas catástrofes. A interpretação concreta e simplista desse Evangelho não vai longe. Serve apenas para cegar e submergir as pessoas nas trevas da alienação frente a si mesmas e ao cosmos.

Atrás dos olhos de cada jovem está o inconsciente. Na Bíblia, e particularmente em Marcos, o mar não é somente um lugar concreto, mas o símbolo da situação humana, em geral. Imagem do abismo, da situação sem fundo, da falta de apoio e de uma existência situada sobre um solo inseguro. Esse mar infinito pode engolir e pode também transportar. Ele é o coração do jovem, seu inconsciente, seu impenetrável, seu sem fronteiras. Para vê-lo é necessário fechar os olhos.

Marcos convida a não se contentar de se voltar para Deus apenas na hora da angústia, implorando salvação. Ele sugere adotar a atitude que Jesus encarna: dormir. Paradoxalmente, tantas seitas religiosas de hoje em dia apresentam uma imagem de Deus – e nisso são os piores idólatras – como uma espécie de companhia de seguro. Basta ter fé, pedir e contribuir que Deus derrama suas bênçãos. O Evangelho trata essa atitude, esses pedidos, análogos aos dos discípulos no barco, como um sinal de falta de fé.

A tempestade no coração traduz o medo de si mesmo. Todo jovem deveria saber, no mais interior de si mesmo: não há nada a temer, nem do exterior, nem das forças profundas agitando-se nele. O único problema é reencontrar a paz, como Jesus dormindo no barco em plena tempestade. Uma vez perguntaram a Santa Teresinha, uma das santinhas mais sagazes e animadas da Igreja, por que ela nunca pedia nada a Deus, enquanto as pessoas pediam por tantas enfermidades, dificuldades financeiras, profissionais etc. Seria falta de fé? Sua resposta: – *Jesus veio dormir no meu barco. Não vou acordá-lo*.

Ser capaz de encontrar a paz interior no meio do furacão, eis o que importa na vida. Quem encontra o divino ancora seu barco na profundidade interior, na terra firme, bem abaixo das fúrias do mar, mais profundamente que o mais fundo dos abismos, bem abaixo da zona da angústia psíquica.

A angústia assalta o jovem quando ele se encontra em face de suas profundezas. O jovem não se compreende, não compreende o mundo, nem sua angústia, e grita por ajuda. Forças ocultas da alma, experiências que havia negado, escondidas no inconsciente, emergem, ressurgem e ameaçam engoli-lo. O conselho do terapeuta se junta à atitude de Jesus: dormir, fechar os olhos, "esquecer" a angústia e buscar na profundidade do eu interior, na linguagem e imagens dos sonhos, uma fortaleza, uma firmeza renovada.

Nessas situações, o melhor para o jovem é não fazer nada. No sentido da ação, pouco pode ser feito. Durma, como José, diante do possível adultério de sua esposa Maria (Mt 1,18-25). Como Adão solitário, antes da criação da Eva, por não achar satisfação na nomeação do cosmos (Gn 2,21-22). Feche os olhos para o mundo da manifestação e da consciência. Busque o invisível, o transcendente. E encontre a resposta na voz profunda do ser.

Essa fé, essa confiança é suscetível de fazer entrever, perceber – até em sonhos – que se pode viver de uma forma diferente o real. Nisso, poetas, artistas, xamãs e religiosos aplicam-se de forma quase profissional: mostrar que existe uma Realidade, muito mais concreta e complexa, do que o que, no cotidiano, chamamos de realidade. Entra-se em contato com essa Realidade através da música, do teatro, de uma obra de arte, da meditação ou de um rito religioso. Ela está bem além dos sentidos. Diante das tempestades dessa vida, o barco da juventude parece naufragar. Por seus impulsos descontrolados, muitos jovens fazem uma tempestade num copo d'água. Quando falta confiança, o medo amplifica o ruído do mar e a força das ondas. A única força capaz de parar esse vento é a confiança.

O que vale para os medos psicológicos vale ainda mais para os metafísicos. A imagem do mar não leva somente ao abismo da alma. Mais profundamente ainda, ele leva ao abismo da vida, sobre o qual a existência precária e mortal se mantém suspensa, como um barquinho. Inelutavelmente virá o dia em que nenhum médico, psicólogo, padre, conselho amigo ou intervenção exterior poderá ajudar. Enfrentam-se os limites da existência terrestre e o abandono da vida. Nesse momento só a morte espera. E nela muitos veem o inimigo. A morte é uma irmã do sono, passagem para a eternidade.

Como fechar os olhos e dormir "nela" sem estar ancorado em Deus? Existem formas de salvação que não podem tomar aspecto visível. Elas assumem o sinal da eternidade, da passagem para outra dimensão. Estamos mais próximos quanto mais deixamos o coração no repouso de Deus. Calma. Respire. Medite. A arte essencial, o verdadeiro milagre da vida, é o de nunca perder essa paz essencial, essa tranquilidade no meio da tormenta, qualquer que seja.

Os perigos mais ameaçadores podem desaparecer tão rapidamente quanto surgiram. Nossa "intervenção" serve para pouco. Não se trata de fazer, mas de ser feito. Não se trata de ter fé, mas de "possuir" a fé, abandonando todas as formas de busca de segurança às quais o inconsciente humano se vincula tão facilmente. A vida é cheia de surpresas. Deus nunca nos abandona. Ele não está perto para ser chamado ou quando o chamamos. Ele está em permanência. Ele salva, não por intervir extraordinária ou teatralmente com seus milagres. Ele salva ao fazer descobrir sua presença: acalma a tempestade interior, abre nossos olhos e leva o barco para a outra margem. Com precisão.

Essa confiança pode ser filial e também está presente nesta frase de Jesus: *Até mesmo os vossos cabelos foram todos contados* (Mt 10,30). Isso é que é ser preciso.

NÃO SE PREOCUPE, SE OCUPE
Mt 6,25-34

Por isso vos digo:
Não vos preocupeis por vossas vidas:
Que beber? Que comer?
Nem por vosso corpo:

De que vesti-lo?
O ser não é mais que o alimento,
e o corpo mais que a vestimenta?

Olhai as aves do céu:
Elas não semeiam, nem colhem,
nem armazenam em celeiros.
E, no entanto, vosso Pai celeste as alimenta.
Não sois vós muito mais preciosos que elas?

Qual de vós pode, com sua ansiedade,
acrescentar à sua altura um único côvado?

E com a roupa, por que andais preocupados?
Aprendei dos lírios do campo, como crescem,
sem se cansar, nem fiar.
Ora, eu vos digo:
Nem mesmo Salomão, em toda sua glória,
vestiu-se como um deles.
Ora, se Deus veste assim a erva do campo,
que existe hoje e amanhã será lançada ao forno,
não fará Ele muito mais por vós,
homens fracos na fé?

Por isso, não andeis preocupados, dizendo:
Que iremos comer?
Ou, que iremos beber?
Ou, como nos vestiremos?

De fato, são os gentios que estão à procura de tudo isso:
Ele sabe, o vosso Pai celeste, que vós tendes necessidade de tudo isto.

Buscai, primeiro, o Reino de Deus e a sua justiça.
Tudo isto vos será acrescentado.

Não vos preocupeis, portanto,
com o dia de amanhã:
o amanhã se preocupará por si mesmo.
A cada dia basta o seu tormento.

JESUS ACALMA A TEMPESTADE

Mc 4,35-41

Nesse dia, vinda à noite, Ele lhes diz:
– Passemos ao outro lado.
Eles deixam a multidão e o levam tal como está,
no barquinho.
Outros barquinhos vão com Ele.
Sobrevém uma forte ventania.
As ondas se lançam sobre o barquinho
a ponto de enchê-lo de água.
E Ele está na popa, sobre a almofada, dormindo.
Eles o despertam, dizendo:
– Mestre, não te importas de que pereçamos?
Ele acorda, repreende o vento e diz ao mar:
– Silêncio, cala-te!
O vento abranda, e tudo se acalma.
Ele lhes diz:
– Por que sois tão covardes? Então!
Ainda não tendes fé?

Eles estremecem com grande temor.
E dizem uns aos outros:
– Quem é, pois, este?
Sim, até mesmo o vento e o mar lhe obedecem.

9 Como um rebento se torna filho?

Era uma vez um pecuarista viúvo, lá nos confins do Mato Grosso. Ele lidava com o gado, ajudado por seus dois rebentos. Um dia o mais novo anunciou que ia viver na cidade grande. Pediu sua parte da herança. Embolsou e foi-se. Gastou 90% de seu dinheiro com prostitutas e festas. Os 10% restantes, como disse um famoso futebolista inglês, ele desperdiçou. Para sobreviver foi trabalhar de peão numa granja. Veio uma seca. Deu praga no capim. E a penúria e a fome abateram-se sobre a região. Fazia pena. Ele acabou tentado a comer a ração dos porcos que tratava. E nem essa lavagem podia comer. Lembrou-se então da fazenda do pai. De como seu pai tratava bem seus empregados. Arrependeu-se de muita coisa. Bateu umas saudades. Melhor ser peão nas terras do pai. Ele tomou coragem e retornou à fazenda, à casa paterna.

O pai ao vê-lo chegar, magro, malvestido e de cabeça baixa, comoveu-se. Correu ao seu encontro. No encontro, o filho pediu perdão. O pai abraçou-o, cobriu-o de lágrimas e de honra. E organizou uma festa, com direito a um novilho gordo de primeira. O irmão mais velho, ao retornar da lida com o gado, ouviu a música, sentiu o cheiro do churrasco e indagou do que se tratava a um jovem vaqueiro. Ao ser informado da razão da festança, revoltou-se. Não quis entrar. O pai saiu e insistiu para que entrasse e participasse da festa. Ele questionou o pai. Ele era o primogênito, sempre deu duro, não deixou a casa paterna e nunca o pai lhe deu um cabrito sequer para fazer um churrasco com os amigos. Quanto mais um novilho gordo e cevado. E aquele filho desmiolado ainda era recebido com festa. O pai o acalmou. Lembrou-se que não se tratava de seu filho e sim do seu irmão. Aquele que estava morto, voltara à vida. Aquele que andava perdido, achou-se. E quanto a ele, tudo que o pai tinha, pertencia-lhe. O outro já havia gasto a sua parte.

É mais ou menos assim em duas parábolas contadas por Jesus: a principal no Evangelho de Lucas (15,11-32) e outra bem parecida no de Mateus (21,28-43). Pela autoria dessa parábola, relatada por Lucas e conhecida como a do *filho pródigo*, o escritor Charles Peguy dizia que trocava toda sua obra literária. Esse texto maravilhoso tem sofrido com as traduções. Seu título poderia ser: um rebento se torna filho. É uma lição de como se tornar um verdadeiro pai, filho e irmão.

A parábola começa anunciando que um homem (*αντηροποσ*) tinha dois rebentos (*τεκνα*) (Mt 21,28). E não verdadeiros filhos. O rebento não é próprio da espécie humana e evoca broto, fruto, produto. Como na música "Meu guri", de Chico Buarque de Holanda: "Quando nasceu meu rebento, seu moço, não era o momento dele rebentar". Esse humano da parábola tem duas criaturas produzidas, como Adão com Caim e Abel, como o senhor da vinha na outra parábola de Jesus (Mt 21,28), como em tantos processos de fertilização assistida ou de fecundação artificial. São filhos produzidos e não gerados. São frutos do dinheiro, da tecnologia, do trabalho e não do prazer. Aqui, eram filhos sem mãe.

No início dessa parábola não há verdadeiramente pai, filhos ou irmãos. As palavras pai, filho (e irmãos) não aparecem para realmente qualificar os personagens da parábola, salvo em traduções traições. Mesmo se o mais novo (rebento) chama o pai de pai, o texto não o trata de filho e sim de: o mais moço, o mais novo. O outro irmão será tratado de: o mais velho, o primogênito. A palavra filho demora a surgir no texto grego, apesar da boa vontade apressada dos tradutores.

O pai é evocado quando o mais novo pede sua parte da herança. Como um direito sucessório, como um tratamento para usar no cartório de bens. Ele só volta a evocar verdadeiramente o pai (*meu pai*) diante dos porcos, vivendo e comendo com eles. Imagine-se a força da imagem no contexto judaico do tempo de Jesus e do animal imundo por excelência que representava o porco. Ao lembrar-se dos assalariados de seu pai e do que comiam, o jovem evoca o seu pai (*meu pai*). Ele entra na relação de filiação e decide ir ter com ele. E, diante do pai, conclui que não merece ser chamado *teu filho*.

O filho é evocado pelo pai pela primeira vez quando este retorna. Após ter deixado o estado de fusão, após a separação. *Eu vim trazer a separação, entre pai e filho, entre filho e pai* (Lc 12,49-53; Mt 10,34-36). Após destruir os vínculos materiais da herança, o filho mais novo volta, e assume o seu lugar, não como rebento, como produto, mas como filho, sujeito e não sujeitado. – *Este meu filho (que aqui está) estava morto e voltou à vida.*

O irmão é evocado quando o primogênito (que ali sempre esteve e dali nunca saiu, fundido e confundido), submisso, conformado, obediente e constrangido, pergunta, ouvindo a música: – O *que é isso*? O que é a sinfonia, a harmonia e os cânticos. Um dos rapazes (servos) lhe diz: – *Teu irmão* chegou. Com vida.

O mais velho não reconhece o irmão, recusa-se a reconhecer o irmão. Ele protesta e diz ao pai: – *Esse filho que aí está.* Mas o pai, como pai verdadeiro, restabelece a fraternidade e diz: – *Esse teu irmão que aí está.* Surge a palavra irmão. Onde está o nosso irmão? É difícil ver o outro, principalmente quando ele é jovem, diferente, pobre, deficiente ou quando está morto.

A parábola termina com pai, filhos e irmãos reconciliados. Adultos e jovens reconciliados. Assim é a misericórdia divina: Deus não compensa, nem recompensa. Ele vai além. Ele dá muito além de qualquer medida. Certos acontecimentos desta vida parecem revestidos de uma grande injustiça. O pai misericordioso relembra: – *Filho, tu estás sempre comigo. Tudo o que é meu, é teu. Mas é preciso festejar e se regozijar. Porque esse teu irmão, que aí está, estava morto e reviveu; estava perdido e achou-se* (Lc 15,31-32).

Antoine de Saint Exupéry, autor do livro O *pequeno príncipe*, dizia: liberdade não é o vazio, a planície diante de si, para ir a qualquer direção. Ao contrário, trata-se de um muro intransponível com duas portas. A cada um de escolher por qual vai passar. A liberdade está na possibilidade de escolha. Consciente e não alienada. Sem o comando externo de nada ou de ninguém. E não no imobilismo, uma das marcas do filho primogênito nesta parábola.

Nessa luta pela vida e pela identidade se ganha e se perde. Liberdade constitui a prática de uma opção consciente diante de necessidades e desejos. A libertação são as diferenciações ao longo da vida: diferenciar-se dos pais, da família, da mulher, do marido, dos filhos, da pátria e até dos deuses. Como fez o patriarca Abrão ao deixar a Caldeia (Gn 12,1).

Um belo dia Deus chama o então jovem Abrão, e diz literalmente em hebraico: – Vai para você! *Vai para você, da tua terra, do teu nascimento, da casa de teu pai, para a terra que eu te farei ver*. As traduções em português costumam apresentar um texto diferente: *Vai-te da tua terra, da tua família e da casa de teus pais para a terra que eu te mostrarei*. O chamado em hebraico significa *Vá para ti* ou mais exatamente *Vai na direção de você*, para o teu benefício, para o teu bem e para a tua felicidade. Foi o que fez o filho caçula nesta parábola.

A busca de si não está colocada por Jesus como um caminho de introspecção, mas como uma busca de um sujeito atuante e falante. Para o sentido tradicionalmente atribuído ao chamado divino trata-se de uma mudança de significado muito grande. Deus chama Abrão para que ele parta em busca dele mesmo. Senão, ele corre o risco de morrer. Esse chamado interior foi ouvido pelo filho mais novo. Ele respondeu como pôde, em suas circunstâncias, com seus limites e equívocos. Sua resposta acabou por beneficiar a todos.

Alguns exegetas destacam o filho pródigo, outros o pai misericordioso. Não há mãe nesse episódio. Nem irmãs. Não há mulheres, salvo as prostitutas. Diante do conflito de gerações, esse texto, essa parábola fala do pai, dos filhos e dos irmãos reconciliados, de gerações reconciliadas. Elas são colocadas em acordo, em harmonia (como a sinfonia da música e do texto), lado a lado (em contexto), juntas, como os cílios na luz dos olhos, *recon-ciliadas*. Unidas, iniciadas e aliadas. O que estava morto, reviveu. O que estava perdido, achou-se.

TORNAR-SE FILHOS E IRMÃOS RECONCILIADOS

Lc 15,11-32; Mt 21,33-46

E disse (Jesus):
Um homem tem dois filhos;
E o mais jovem diz ao pai:
– *Pai, dá-me a parte de subsistência*
que me pertence.
E ele lhes repartiu sua fortuna.

Poucos dias mais tarde,
o mais jovem reúne tudo
e parte em direção a uma terra longínqua.
Lá ele dissipa seu patrimônio,
vivendo como um louco.

Quando já gastou tudo,
Há uma grande fome nessa terra.
Ele começa a ficar na miséria.

Vai se ligar a um dos cidadãos daquela terra,
o qual o envia a seus campos
para apascentar seus porcos.

E desejava encher o seu estômago com as bolotas
que os porcos comem;
mas ninguém lhas dá.

Mas, caindo em si, ele se diz:
– *Tantos assalariados de meu pai têm pão*
em abundância,
e eu pereço de fome aqui!

Levantar-me-ei, então, irei até meu pai, e *lhe direi:*
Pai, faltei contra os céus e *diante de tuas faces.*
Não mereço continuar a ser chamado de teu filho.
Faze-me um de teus assalariados.

Ele se levantando vem até seu pai.

Ainda de longe, seu pai o vê.
Tocado nas entranhas, ele corre,
Lança-se em seu pescoço e, curvando-se, o abraça.

E o filho lhe diz:
– *Pai, faltei contra os céus* e *perante tuas faces.*
Não mereço continuar a ser chamado de teu filho.

Mas o pai disse a seus servos:
– *Trazei depressa a mais bela túnica e vesti-o.*
Dai-lhe um anel para sua mão,
e sandálias para seus pés.

Levai o novilho gordo, matai-o;
comamos e festejemos!
Meu filho, que aqui está, estava morto, e reviveu;
estava perdido, e foi encontrado.
E começaram a festejar.

Seu filho primogênito estava no campo.
Ao voltar, aproxima-se da casa,
ouve a música e cânticos,
chama um dos rapazes, e informa-se:
– O que é isso?

Ele lhe diz:
– *Teu irmão chegou.*
Teu pai matou o novilho gordo,
porque ele o reencontrou com saúde.

Mas ele se inflama e recusa-se a entrar.
Seu pai sai e suplica-lhe.

Ele responde e diz a seu pai:
– *Eis que te sirvo há tantos anos,*
E jamais transgredi uma ordem tua.
Mas, para mim, jamais deste um cabrito
Para festejar com meus amigos.

E esse filho que está aí, volta.
Ele dissipou tua fortuna com prostitutas,
E imolas para ele o novilho gordo!

Ele lhe diz:
– Filho, estás sempre comigo.
Tudo o que é meu, é teu.
Mas é preciso festejar e se regozijar.
porque esse teu irmão que aí está
estava morto e reviveu;
estava perdido e achou-se.

10 Amar é envolver ou des-envolver?

Fala-se tanto de desenvolvimento da criança, desenvolvimento do jovem. A palavra desenvolvimento foi tão usada por políticos, economistas e sociólogos que acabou desgastada e contaminada. Sua origem etimológica é evidente: desenvolver é o oposto de envolver. Quem se des-envolve, livra-se de envolvimentos e matrizes. O desenvolvimento da criança, do adolescente e do jovem evoca esse processo oposto às prisões, aos envolvimentos ilusórios e esterilizantes. Cada jovem pode buscar seu verdadeiro lugar na vida, rompendo com os envolvimentos que limitam e confundem.

No começo da vida, o primeiro envelope é o do ventre materno, essencial e necessário por nove meses. Esse envelope material no final da gravidez se torna prisão e limite. O desenvolvimento progressivo do embrião, do feto e do bebê levam ao abandono do envelope uterino e ao nascimento. No tempo certo, de forma inevitável, a criança nasce. Ela rompe a matriz abdominal da mãe e livra-se do envelope uterino. As condições da gestação e do parto não são sem consequências sobre a psique e o destino do recém-nascido.

Para se libertar do primeiro envelope, o ventre materno, as forças naturais bastam. Ao sair de um envelope, entra-se em outro: o do organismo familiar, uma nova matriz alimentar. Só o fantástico e misterioso passo do nascimento deveria ser suficiente para o reconhecimento, por parte dos pais, do quanto a criança pertence a si mesma, ao milagre da Vida e não a eles. Mas estes se apegam aos filhos como propriedades, desenham-lhes nome, futuro e destino. Dificultam suas vidas.

Mais tarde, na juventude, os filhos deixam os familiares, abandonam os entes queridos, afastam-se das práticas religiosas e de seus valores. E até recusam o convívio e o afeto que sempre compartilharam. É como se o jovem se tornasse cego, mudo e surdo ao mundo que sempre o envolveu. Ele passa a ouvir seu coração, seu sexo e sua espécie. Às vezes, o doloroso abandono do lar, dos familiares e dos amigos é vivido no conflito, na solidão, na ameaça e até na chantagem. Vive-se um incompreensível esgarçamento do tecido familiar. Algumas famílias vivenciam o momento de separação com dificuldade. Lastimam a aparente perda de um ente querido como uma morte.

Como um estranho, um desmemoriado, o jovem deixa a casa e vai viver fora. Ele não se importa mais em rever os familiares, nem de participar de sua vida. Alguns pais recorrem a psicólogos, ao charme do dinheiro, aos astrólogos, quando não à polícia, para tentar *re-haver* os filhos. No desespero, tentam encontrar culpados dentro e fora da família. O desenvolvimento natural do adolescente e do jovem os leva à busca de si mesmos.

Por outro lado, existem filhos, mesmo adultos, vivendo na dependência do envelope alimentar, afetivo e "abdominal" dos pais. Vivem para comer e para beber. Às vezes obesos e dependentes da bebida. Outros ainda contam e projetam essa matriz abdominal no pós-morte dos pais, através da expectativa de ilusórias heranças e de um conflitivo acesso a seus bens materiais. Outros ainda se fundem de tal forma na vida familiar que não conseguem ver-se fora dela. Incapazes de amar, fora da relação familiar, mergulham num trágico destino fusional e estéril. Morrem simbolicamente ao lado dos pais.

Aos jovens, para se livrarem dos envelopes verbais e imaginários tecidos pelos pais, familiares e sociedade, forças sobrenaturais são necessárias. Como evocado em outros capítulos, através de diversas dimensões, uma etapa decisiva na caminhada do desenvolvimento é a separação dos filhos e dos pais. Os filhos se tornam verdadeiros filhos quando partem em busca deles mesmos e abandonam o envelope familiar. Quase sempre, o afastamento da família, da casa e até de Deus, é só aparente. Esse afastamento, alimentado pelo amor, permitirá mais tarde um encontro maior e melhor.

Aquele que ama pai ou mãe mais do que a mim não é digno de mim. E aquele que ama filho ou filha mais do que a mim não é digno de mim (Mt 10,37-38). Essa frase de Jesus tem sido uma saia justa para muita gente. Que amor é esse? Textualmente está escrito: *Quem a mim prefere pai ou mãe não é digno de mim. Quem a mim prefere filho ou filha não é digno de mim.*

Todos podem amar, ser amados e deixar-se amar. A juventude é uma etapa de vida marcada pelas descobertas e experiências amorosas. De certa forma, a juventude é o tempo do amor. Mas de que amor os jovens são realmente capazes? A resposta é relativa: depende. Depende da pessoa, do contexto, da época e do amor. A trindade relacional considera sempre o amante, o amado e o próprio amor. E esse é mesmo o amor humano, relativo e absoluto.

Nos evangelhos, vários termos e expressões diferentes têm sido traduzidos pela palavra amor. Qual amor unia Pedro e Jesus? Depende. Antes da paixão de Jesus ou após o episódio da negação de Jesus por Pedro? Depois da ressurreição ou depois da ascensão de Jesus "aos céus"? Como era esse amor no momento do martírio de Pedro em Roma? O texto grego do Evangelho de João (21,15-18) relata com riqueza essa relação amorosa, perdida em muitas traduções.

Após mais uma e derradeira pesca miraculosa, em que definitivamente os discípulos tornam-se pescadores de homens, Jesus ressuscitado presidiu uma refeição simples e eucarística, ainda à beira-mar: pão e peixes. É sua terceira aparição entre os adeptos desde sua ressurreição. Quando acabam de comer Jesus diz a Simão Pedro: – *Simão, filho de Jonas, tu me amas mais do que estes?* Pedro responde: – *Sim, Senhor, Tu sabes que eu te quero bem.*

Mais do que o amar, Jesus interrogou sobre o quanto Pedro o ama, comparando seu amor ao dos outros discípulos. Jesus usa o verbo grego amar (*αγαπο*) no sentido do amor divino, do amor dos anjos, o amor sublime e absoluto de seres muito elevados. Pedro responde com outro verbo grego, em outro patamar. Muitas traduções do grego apresentam Pedro dizendo: – *Tu sabes que eu te amo*. Mas o verbo amar (*αγαπο*) utilizado por Jesus não é retomado por Pedro. O discípulo fala em *querer bem* (*πηιλο*), um amor de amigos, um amor humano e muito menos absoluto que o proposto por Jesus em sua demanda.

O texto prossegue. Jesus pela segunda vez o interroga: *Simão, filho de Jonas, tu me amas* (*αγαπο*)? Agora, sem comparação com o amor dos outros discípulos. A pergunta de Jesus é ainda mais absoluta. Mas Pedro responde da mesma forma, patamar e lugar, com o mesmo verbo: – *Sim, Senhor, Tu sabes que eu te quero bem* (*πηιλο*).

Paradoxalmente, Pedro repete sua incapacidade ou impossibilidade de amar como Jesus o ama e o interpela. Ele está ciente dos limites do seu amor. Ele passou pela dura experiência de jurar fidelidade a Jesus e logo depois negou por três vezes conhecê-lo durante sua prisão e martírio. Nessa ocasião, na Sexta-feira da Paixão, Pedro também negou a si mesmo. Interrogado se era discípulo de Jesus, Pedro morrera psicologicamente quando afirmou: – *Eu não sou* (*υκο ειμι*), o antinome de Deus, de YHWH (Eu Sou).

À beira-mar, naquele momento, Pedro conhece e reconhece, agora, seus limites e sua fragilidade. Ele está menos impulsivo e angustiado, menos dividido, mais íntegro e unificado do que em tantos episódios durante a pregação de Jesus. Como numa peça de teatro, como num drama, pode-se interrogar sobre o que ocorrerá no terceiro e derradeiro questionamento de Jesus.

Diante da pergunta de Jesus, *Simão, tu me amas?* (αγαπασ με), um primeiro cenário possível seria Pedro, enfim, responder: – *Sim, Senhor, eu te amo* (αγαπο σε). Pedro teria chegado a ser capaz desse amor divino. Teria se tornado pura capacidade divina (*capax Dei*).

Um segundo cenário possível seria a repetição dos diálogos anteriores. Jesus interrogaria de novo: – *Simão, tu me amas? (αγαπασ με)*. E a resposta seria a mesma: – *Eu te quero bem (πηιλο σε)*. Seria a imutabilidade da situação. Pedro ainda não é capaz de amar Jesus, com o amor que este segue pedindo. O Evangelista João relata outra possibilidade, inesperada.

Surpresa. Na terceira vez, Jesus diminui a exigência e muda de verbo. Mais uma vez Jesus sabe, como ocorreu na Sexta-feira Santa na Páscoa, de que Pedro não é capaz de acompanhá-lo em tudo. Jesus, sim, pode e é capaz de acompanhá-lo. Jesus fala como Pedro, desde a sua real humanidade, e lhe diz, pela terceira vez: – *Simão, filho de Jonas, tu me queres bem?* (πηιλο). E Pedro, comovido, como se ouvisse o galo cantar mais uma vez, lhe diz: – *Senhor, Tu sabes tudo. Sabes, pois, que eu te quero bem*. Tu sabes que desse amor eu sou capaz. Até aí chegara Pedro em seu desenvolvimento interior e pessoal.

Não apenas os discípulos se colocam a serviço de Jesus e de sua Boa-nova. Ele também se põe a seu serviço, em seu patamar. Ele lava os pés de seus discípulos. A humanidade e a fragilidade de Pedro, assim como a de cada jovem, são aceitas. Deus não nos ama porque somos bons, mas para que nos tornemos bons.

Esse amor humano, esse amor de pescador e pecador, basta. Ele é o verdadeiro motor do desenvolvimento humano.

Jesus confiou, nesse episódio, sua comunidade, sua Igreja, a Pedro e lhe confirmou o dom e o acompanhamento do Espírito, como coroamento de sua evolução: *Em verdade, em verdade, eu te digo: quando eras jovem, tu te cingias e andavas por onde querias. Quando fores velho, estenderás as mãos. Um outro te cingirá e te conduzirá aonde não quererás ir* (Jo 21,18).

Alguns veem nesse episódio o resultado da passagem da juventude à velhice. O idoso perde autonomia e é conduzido por outra pessoa. Talvez seja outra coisa. Quem sabe Jesus evoca uma evolução interior, um desenvolvimento pessoal, ao final do qual o jovem deixa de ser dirigido por seus impulsos egoísticos? O jovem passa a ser guiado de seu interior pelo Espírito, o Outrem.

Seu desejo de justiça cede lugar ao sentimento de misericórdia. Ser guiado de seu interior significa estar mais voltado à contemplação do que à ação; significa deixar de fazer para ser feito; significa deixar-se transformar pela Palavra que nos habita e que não ouvimos em nossa cacofonia interior, ocupados todo o tempo em fazer "bem" e em fazer o bem. Ou o mal. A evolução interior evoca a capacidade de contemplação e de silêncio.

Na meditação e na oração, o jovem fecha os olhos para poder enxergar outra Realidade, muito maior e mais rica do que o que chamamos de realidade; como já foi evocado, isso retira o olhar egoísta de si mesmo e o dirige ao próximo, ao outro. Muitas vezes, esse olhar amoroso é a prova que o outro necessita para ter a demonstração de que ele continua vivo. A evolução interior é um provar da vida que vibra em cada um e cujo destino vai além da materialidade do corpo.

Sob a condução do Espírito, essa pedra, esse Pedro não se tornou pó. Ele não foi esmagado pelos desafios de cuidar das ovelhas que Jesus lhe confiou nesse diálogo. Após anos dedicados ao serviço e à missão, o Apóstolo Pedro foi detido em Roma, junto com o Apóstolo Paulo. Foram condenados à morte. Paulo foi degolado. Pedro foi crucificado de cabeça para baixo a seu pedido, por julgar-se indigno de imitar assim a Jesus, segundo a tradição. Após um caminho de desglorificação e desenvolvimento pessoal, ao qual todos são chamados, ao morrer Pedro concluiu aquele diálogo iniciado às margens do Mar de Tiberíades. Crucificado de ponta-cabeça, o velho Pedro disse finalmente: – *Senhor, eu te amo* (*αγαπο σε*).

O trabalho necessário para a diferenciação e a personificação de um jovem, e de qualquer pessoa, é eminentemente interior, psicológico e espiritual. O envolvimento cego com seus próprios fantasmas corporais e psíquicos também é longo e difícil de ser superado. O amadurecimento leva à revisão de vida, ao relacionamento amoroso e poético com os outros, à moderação e à medida.

Com o tempo, muitos chegam ao abandono de tudo que não está destinado à eternidade em cada um: desde seus corpos até acúmulos de conhecimentos, relações humanas e riquezas. São os chamados seres desenvolvidos, os sábios, as pessoas maduras. Liberadas de quase todos os envelopes e matrizes, essas pessoas vivem leves e apaziguadas, na vizinhança do seu próprio arquétipo.

Apesar dos envolvimentos sociais e afetivos, para um jovem, a grande receita do mestre é amar, caminhar para si mesmo, tomar sua vida a sério, ser fiel às suas exigências interiores e encontrar-se na plenitude realizadora do bem-querer de Deus, a chamada graça divina. Como fez Pedro, o amoroso de Jesus e tantos outros discípulos e jovens amantes.

DO AMAR E DO QUERER BEM

Jo 21,1-18

Depois disto, Jesus manifesta-se ainda
aos discípulos no Mar de Tiberíades.
Manifesta-se assim:
Estavam juntos Simão Pedro, e Tomé, chamado
Dídimo, e Natanael, que era de Caná da Galileia,
os filhos de Zebedeu,
e outros dois dos seus discípulos.

Disse-lhes Simão Pedro:
Vou pescar.
Dizem-lhe eles:
– *Também nós vamos contigo.*
Eles saem e sobem num barco.
Nessa noite, nada apanharam.

E, sendo já manhã, Jesus aparece na margem.
Os discípulos não reconhecem que é Jesus.

Disse-lhes, então, Jesus:
– *Pequeninos, tendes alguma coisa de comer?*
Eles respondem:
– *Não!*

Ele lhes diz:
– *Lançai a rede à direita do barco, e achareis.*
Lançaram-na, pois, mas já não a podiam tirá-la,
De tantos peixes que ela pega.

Então aquele discípulo, a quem Jesus amava,
diz a Pedro:
– *É o Senhor.*

Simão Pedro então ouviu que é o Senhor.
Cinge-se com a túnica (sim, ele estava nu)
e lança-se ao mar.

Os outros discípulos vão com o barco
(não, eles não estavam distantes da terra senão
quase duzentos côvados),
e retiram a rede cheia de peixes.

Quando sobem à terra, eles veem:
Um fogo de brasas está pronto,
Com o peixe posto em cima, e pão.

Jesus lhes diz:
– *Trazei o peixe que acabais de pescar.*

Simão Pedro sobe e puxa para a terra
a rede cheia de grandes peixes:
cento e cinquenta e três!
E tal quantidade não rasga a rede!

Jesus lhes diz:
– *Vinde, comei.*
E nenhum dos discípulos ousa perguntar-lhe:
– *Quem és tu?*
Eles sabem que é o Senhor.

Jesus vem, toma o pão, e o dá a eles,
e o peixe da mesma forma.

É a terceira vez que Jesus aparece a seus discípulos,
depois de ter ressuscitado dentre os mortos.

Quando então acabam de comer,
Jesus diz a Simão Pedro:
– *Simão, filho de Jonas, tu me amas mais do que estes?*
Ele lhe diz:
– *Sim, Senhor, tu sabes que te quero bem.*
Ele lhe diz:
– *Apascenta os meus cordeiros.*

Jesus lhe diz ainda, uma segunda vez:
– *Simão, filho de Jonas, tu me amas?*
Ele lhe diz:
– *Sim, Senhor, tu sabes que te quero bem.*
Ele lhe diz:
– *Apascenta meus ovinos.*

Ele lhe diz uma terceira vez:
– *Simão, filho de Jonas, tu me queres bem?*
Pedro se comove por ele perguntar
pela terceira vez:
– *Tu me queres bem?*
Ele lhe diz:
– *Senhor, Tu sabes tudo.*
Sabes, pois, que eu te quero bem.
Ele lhe diz:
– *Apascenta meus ovinos.*

Na verdade, na verdade te digo:
– Quando eras jovem, tu te cingias,
e andavas por onde querias.
Quando já fores velho, estenderás as mãos.
Um outro te cingirá e te conduzirá
aonde não quererás ir.

Ele diz isso para falar da morte
pela qual deveria glorificar Deus.
Tendo dito isto, ele diz:
– *Acompanha-me!* (*ακολουθειτω μοι*).

11 No caminho do jovem, uma pedra

Os enigmas chegam de repente na vida de um jovem: um acidente, a perda inesperada de um ser querido, uma deficiência física, uma separação inimaginável, uma violência aleatória, uma grave enfermidade... Eles são uma via inquietante para o jovem ir ao encontro de si mesmo, sem ser devorado por ilusões de poder ou saber.

Diante do enigma são várias as atitudes. A mais comum é a perplexidade. Em face da desgraça, emergem no jovem os julgamentos e os merecimentos. Por que essa pedra no caminho? Por que eu? Por que aconteceu comigo? O que eu fiz? Quem é o culpado? De onde vem essa desgraça? Por que Deus deixou isso acontecer comigo?

O jovem bate de frente com essa pedra, com esse muro impenetrável, ao querer ver através. Essa via, das justificativas e explicações, é plena de esterilidade. A interrogação sobre a origem do mal ou da desgraça não leva a nada. Vem de pressupostos equivocados. Seríamos culpados do quê? De haver amado? De viver?

No Evangelho de João (9), saindo do templo, os discípulos perguntaram a Jesus, diante de um jovem cego: *Rabi, quem é faltoso para que ele tenha nascido cego? Ele? Seus pais?* Os discípulos em sua cegueira ofenderam o jovem cego e sua família. Eles pressupõem uma história de falta e faltosos na vida deste cego.

Diante dessas questões, Jesus respondeu: – *Nem ele mesmo é faltoso, nem sua família*. O cego deve ter sentido algum reconforto. Para Jesus, o problema não é o porquê do mal, mas o que se faz com ele. Jesus constata o fato e coloca claramente a questão: O que fazer do enigma colocado pela vida? A cegueira deste homem serve para quê? E o mesmo Jesus responde: – *Para que as obras de Deus se manifestem nele*. Jesus os convida a ver o que Ele fará. O jovem cego transborda de esperança, após as ofensas dos discípulos e depois de toda essa falação.

O cego esperava uma oração, uma imposição de mãos e a recuperação da visão, graças àquele rabi de quem já ouvira falar tanto. Não é o que acontece. Jesus não ora. Ele pega terra. Cospe nesse punhado de pó e faz uma espécie de barro. Talvez alguém tenha dito ao cego o que Jesus fazia. Ninguém entendia nada. Era ilógico. Jesus usa o dedo como uma caneta, o barro como tinta. Ele "escreve" na fronte e cobre, unge os olhos do cego com lama. Todos estão atônitos. O que dizer do cego?

Jesus diz: – *Vai te lavar*... Não diz: – *Veja, seja curado*. Não. Ele envia o cego para se lavar. Onde? O cego imagina talvez em alguma vasca do Templo, logo ao lado. Ou na piscina de Betesda ou em outra fonte nos arredores. Nada disso.

– *Vai te lavar em Siloé*, diz Jesus. Parecia crueldade. Siloé ficava do outro lado da cidade. Ir até lá para um cego, caminhando sobre pedras e entre espinhos, por ruelas e escadarias, era um grande desafio. Por que ir lavar-se numa fonte tão distante?

Não era lógico, nem racional. Essa ordem era mais um absurdo, após a ofensa, a falação, a promessa e o barro com saliva nos olhos. O cego poderia não ter ido. Seria mais corente. Poderia ter ficado por ali, tranquilo, à espera de esmolas após aqueles entreveros. Mas ele ouve sua voz interior.

Algo dentro dele diz: – *Vai*. Ele faz um ato de fé. Contra toda evidência. O cego respondeu a essa voz interior que brotava nele e que não vinha dele. Ele foi até a fonte de Siloé. Isso o levou longe, o tornou distante daquela situação, daquele ambiente de imobilidade e cegueira. Ele ficou mais leve. Purificado ao assumir seu destino. Participa de sua cura. Lavou-se. E voltou enxergando. Um sinal de vitória da luz sobre as trevas.

O jovem cego recuperou a visão e deu testemunho. Isso causou uma grande controvérsia. Os judeus questionaram seus pais. Seu filho era mesmo um cego de nascença? Como é que agora ele vê? Eles tratam o cego como uma criança. Seus pais então responderam: – *Sabemos que ele é nosso filho e que nasceu cego. Mas como agora ele vê, não o sabemos. E quem lhe abriu os olhos, também não sabemos. Interrogai-o: ele é maior de idade. Falará por si mesmo* (Jo 9,19-21).

Ah... Se todos os pais, quando questionados sobre coisas que os próprios filhos podem responder, dissessem: – *Pergunte para ele. Ele tem idade. Ele mesmo responderá. Ele fala por si mesmo*. Como é frustrante um jovem ser obrigado a ficar mudo quando pode falar. E também, no fundo, é frustrante para os pais. E que alegria quando os pais dão espaço ao filho e à filha para que fale. E veja.

Os judeus então questionaram e intimaram o filho, com perguntas religiosas, difíceis, cheias de ardis. Diante de toda essa trama de adultos maliciosos, o jovem cego encontra uma saída. Ele responde: – *Uma coisa eu sei: eu era cego e agora vejo*, diz o jovem.

Todo homem é cego de nascença. A matéria de si mesma não vê nada, não sabe nada. A matéria só vê e sabe, se for animada pelo espírito, como foi o cego. Há tantos jovens vitimados e cegados pelos eventos deste mundo. Os eventos, como os conhecimentos, são quase sempre ambivalentes: filosofias, ideologias, amizades, viagens, enfermidades, trabalhos... Tudo, nesta vida, pode cegar ou iluminar. Depende do olhar de cada um. A luz total cega tanto quanto as trevas totais. Quem olha para o sol fica cego, assim como quem está em trevas absolutas no fundo de uma caverna. O caminho nesta vida é de crepúsculo. As luzinhas, as velas, a lua e as estrelas iluminam melhor do que os faróis e os holofotes.

Enigmas e dificuldades desta vida indicam que o jovem tem idade suficiente para deixar-se interrogar por elas. E vivenciar e aceitar essas experiências. Para poder um dia dizer: – *Eu era cego e agora vejo*. Todo o dia. Para muitos, os enigmas vêm como pedra de tropeço. Para outros, eles são um marco a ser contornado. Os enigmas são uma referência no caminho, uma inflexão na trajetória.

Na Roma Antiga, as corridas de carros de combate se faziam num estádio oval. No meio da pista – uma elipse bem-alongada – havia um canteiro central, a *spina*. O étimo *spina* está na origem das palavras espinho e espinha dorsal. Ele identifica o que pica e evoca o caminho espinhoso. Em cada extremidade da *spina*, havia uma pedra de cabeceira. Se na curva o corredor se afastasse demasiadamente da pedra para evitar um choque, arriscava perder a rota e o impulso. Se se aproximasse demasiado, corria o risco de chocar-se. Enigmas, como nas curvas fechadas das corridas de hoje, são difíceis de contornar.

Um dos desafios dos enigmas é o de passar perto, reconhecê-los e não se chocar. Alguns jovens se afastam dessas realidades difíceis. Eles fogem para bares, bebidas, sexo, religião... Eles buscam uma "nova" vida. Evitam a realidade e trilham o caminho da perdição de sua identidade.

Para outros, o enigma vem como uma pedra de tropeço, como um obstáculo, como um chamado ao imobilismo, ao choque ou à destruição. Soçobram na melancolia. Ou buscam ilusoriamente alguma forma de remover essa pedra ou fazê-la desaparecer. No caminho do jovem há uma pedra. Na sua vida, ela será um marco de referência ou de descaminho? Depende dele.

Reencontra-se aqui, mais uma vez, a dualidade da espada de dois gumes, já evocada nos temas da separação e da diferenciação. Ela cega os que têm boa vista e faz ver os cegos. Assim encerra Jesus esse episódio: *Eu vim a este mundo para um julgamento, a fim de que aqueles que não viam vejam, e aqueles que viam se tornem cegos* (Jo 9,39).

A prova que foi dada pode ser transformada numa joia, única e de infinito valor. Isso é possível pelo trabalho interior. Não é fácil. A ajuda externa é quase inútil diante de dificuldades tão absolutas. Ninguém pode se colocar no lugar do outro. Nem na plenitude de sua dor. Os enigmas ensinam a existência de passagens irredutíveis e intransferíveis na vida, chamados diferenciadores, únicos como o próprio ser.

A juventude banha em sentimentos de onipotência. Normal. Os enigmas desafiam esses sentimentos. Esse ilusório sentimento de poder – graças às capacidades materiais e intelectuais – é fortemente questionado pelos enigmas irreversíveis. Eles chegam como uma oportunidade de um novo caminho, sempre próprio e apropriado, para o jovem ir à descoberta de si mesmo. Eles surgem como uma via de superação da ilusão da onipotência ou do desejo da onisciência juvenil: – *Eu não sei, eu não entendo e nem eu posso saber ou entender tudo.* Aceitar o mistério e dar-lhe um lugar na vida. Isso é bem diferente da alienação. Enigmas são incompreensíveis e como é difícil aceitar a própria miséria, a imperfeição, as falhas e a deficiência.

Diante da necessidade de alquimizar e metabolizar o enigma recebido, o primeiro passo é tocá-lo, segurá-lo, pesá-lo, identificá-lo e colocá-lo bem diante de si. Para poder um dia, enfim, nomeá-lo. Essa é a atitude possível: aceitar e doar. O dom de si começa nesse duro trabalho de preensão (e aceitação) do enigma. Ele continua ao aceitar e ao carregar na vida coisas prosaicas, sem nenhuma beleza ou poesia. Elas são mais frequentes do que muitos imaginam.

Para ultrapassar a ilusão da onipotência, da onisciência e da posse é preciso aceitar e doar, no mais completo abandono. Quem está diante de um enigma não deseja consolo. Em muitos casos, isso seria uma verdadeira traição para com a pessoa perdida ou a situação anteriormente vivida. Ao mesmo tempo, durante um longo momento, não se sabe como prosseguir. É normal. Descobre-se que não se é Deus. O exemplo da vida humana de Jesus assegura a existência de um caminho: fruto de uma escuta às suas exigências interiores, de uma fidelidade a esses chamados, de uma ação e reflexão que o levou a superar sua herança religiosa e a buscar a plenitude daquilo a que estava destinado e chamado a ser. Sem concessões. Nem a si, nem ao mundo.

Existe um caminho e não se pode errar. Existe um caminho e não se deseja errar. Senão, seria a morte. O caminho é espinhoso, mas existe. Pode até parecer absurdo e ilógico. Ele é próprio a cada caso, a cada enigma. Uma via para transformar em graça, em bem-querer divino, a desgraça. A cada um de encontrar essa via. E mais tarde, quando tudo parecer enfim superado, quando transformados ressurge-se das cinzas, ao contemplar-se desglorificados o enigma recebido um dia, descobre-se que ele ainda está lá, inteiro, intacto. Esses são os verdadeiros enigmas. Por definição.

SOMOS TODOS CEGOS DE NASCENÇA
Jo 9,1-33

E, ao passar, Jesus vê um cego de nascença.
Os seus discípulos lhe perguntam:
– *Rabi, quem é faltoso para que ele tenha nascido cego, ele ou seus pais?*

Jesus responde:
– *Nem ele mesmo é faltoso, nem seus pais;*
mas é uma ocasião para que as obras de Deus
se manifestem nele.
É preciso que trabalhemos
no trabalho daquele que me enviou,
enquanto se faz dia.
Vem a noite, quando ninguém poderá trabalhar.
Enquanto estou no universo,
sou a luz do universo.

Dito isto, em seguida Ele cospe no chão.
Faz uma lama com sua saliva
E, de lama, cobre-lhe os olhos.

Ele lhe diz:
– *Vai e lava-te na piscina de Siloé*
(que se traduz por Enviado).

Ele vai, lava-se e volta enxergando.

Os vizinhos e aqueles que sempre o viam mendigar anteriormente dizem:

– *Não é aquele que ficava sentado e mendigava?*
Alguns dizem:
– *Sim, é ele.*
Outros afirmam:
– *Não, mas parece com ele.*
Ele, porém, diz:
– *Eu sou.*
[...]

Os judeus não acreditam nisto:
que ele tenha sido cego e que enxergue,
enquanto não chamam os pais
do que adquiriu visão.

Eles os interrogam e dizem:
– *Este é o vosso filho?*
Afirmais que ele nasceu cego?
Como ele está enxergando, agora?

Os seus pais respondem e dizem:
– *Sabemos que ele é nosso filho*
e *que nasceu cego.*
Como está enxergando agora,
não sabemos.
E quem lhe abriu os olhos, também não sabemos.
Interrogai-o: ele é maior de idade;
Falará por si mesmo.
[...]

Eles chamam pela segunda vez
o homem que era cego.
E lhe dizem:
– *Dá glória a Deus!*

Sabemos que esse homem [Jesus] é faltoso.

Ele responde então:

– Se é faltoso, não sei;

Só sei uma coisa:

eu era cego e agora vejo!

[...]

12 Quem é o filho amado?

Tem pai que fala muito. Demais. Não era o caso de José, o esposo de Maria, a mãe de Jesus. Ele não abre a boca. Não há registro de uma palavra sequer pronunciada por José em lugar algum dos evangelhos. E olha que José fez e viveu muita coisa. Nos relatos sobre a vida de Jesus, José entra mudo e sai calado. Deus também, o Pai do céu, não é muito de falar na Bíblia. No Novo Testamento, menos ainda. Ele prefere ouvir. Como certos padres, pastores, avós e terapeutas.

Sempre à escuta, Deus ouve a voz dos homens, como em dois emblemáticos episódios bíblicos: Ele ouve a voz do sangue derramado de Abel, assassinado por seu irmão Caim (Gn 4,10) e o choro moribundo do menino, filho da escrava Agar, em perigo de morrer de sede sob um arbusto do deserto (Gn 21,17), após terem sido expulsos do convívio da tribo por Sarah e Abrão. Deus ouve também a voz do soluço (Sl 102,6), a voz do louvor (Sl 26,7), a voz do clamor (Sl 3,4; 5,3; 66,19; 86,6) e a voz do povo (1Sm 4,6). Deus é escuta. Às vezes, só às vezes, Ele fala. É um vozeirão.

No Antigo Testamento a voz de Deus, aquela que vem dos céus por entre nuvens, raios e trovões, é apresentada, textual e curiosamente, como "filha da voz". Em hebraico, *bat qol*. Talvez porque o humano não teria como ouvi-la diretamente, sem ser fulminado, calcinado e desintegrado. O bom Deus bíblico, então, envia uma filha de sua voz inaudível.

No Novo Testamento Deus só fala duas vezes e diz praticamente a mesma coisa. No momento do batismo de Jesus (Mt 3,17; Mc 1,9; Lc 3,21-23) e na sua transfiguração luminosa na montanha, ouve-se a voz de Deus (Mt 17,5; Mc 9,7; Lc 9,35). No batismo, a voz ressoa dos céus abertos e dirige-se a Jesus. Na transfiguração, ela ressoa nas nuvens e dirige-se aos discípulos. E o que diz a voz de Deus? Bem, ela fala de seu filho Jesus. Cada evangelista ouviu a mensagem segundo sua perspectiva e sua escuta. Com pequenas variações, eles aproximaram essa filha da voz celeste de fórmulas bíblicas de filiação a Deus existentes nos Salmos (2,7; 89,7), no Profeta Samuel (2Sm 7,14) ou ainda no Profeta Isaías (42,1). Em resumo, Deus diz:

– *Este é meu filho, meu amado, em quem me comprazo. Escutai-o*!

Filho amado, pelo amor divino, o amor ágape (*ηαγαπησεν*). E não apenas pelo amor entre amigos, o amar do querer bem (*πηιλια*). E o texto prossegue: *"em quem encontro" (ευδοκησα)*: em quem me comprazo, em quem encontro meu prazer, a fonte da minha alegria, de minha feliz orientação e doutrina. A expressão até virou nome feminino *Eudóxia*, no sentido de boa reputação.

Esse prazer, essa alegria de Deus com o filho, vem com um tempo de verbo do grego antigo: o aoristo. Ele expressava a ação pura, sem determinação quanto à duração do processo ou ação ou ao seu acabamento.

É um prazer, uma felicidade constante, independente de tempo ou contexto. Jesus é sua fonte de alegria, em quem Deus se compraz, permanentemente.

Essa mensagem deveria ser repetida sempre, sempre e sempre, por todo pai e por toda mãe. Talvez a única frase que vale a pena se pronunciar com relação a uma filha ou a um filho jovem ou adolescente. Ela os autoriza a falar e a ser.

– Este é meu filho amado, em quem encontro minha alegria.

Essa declaração amorosa lhes dá poder. Poder para ser. Alguns pais de adolescentes chamam seus filhos de "aborrecentes". Basta encontrá-los e lá vem uma série de queixas e lamúrias sobre os jovens: fizeram isso, não fizeram aquilo etc. Como se o filho jovem fosse só e somente a causa de um conjunto de preocupação, decepção, gastos, ingratidão e infelicidade. Não! Mesmo diante da pior das circunstâncias, os filhos devem poder contar com o amor, com a acolhida, com a orientação carinhosa e com os conselhos dos pais.

A voz dos filhos deve ser autorizada e ouvida com um coração disponível, aberto, acolhedor, doce e carinhoso, vibrando na natureza, no cosmos, nos irmãos, nas criaturas. *Hoje se ouvirdes a sua voz, não endureçais os vossos corações [...]* (Hb 3,8). Essa escuta interior pede um acolhimento, um entendimento místico e profundo. São Francisco de Assis, um santo muito especial, inventor do presépio de Natal entre outras coisas, dizia o seguinte: *Não basta ouvir o canto dos pássaros, é preciso entender a letra.* Não basta ouvir a voz dos filhos. É preciso entender, acolher e acompanhar. Aceitar a vez do filho e da filha.

Às vezes, a vez do filho é assim: os amigos trazem-no de volta a sua casa de madrugada, e o largam na porta. O pai acorda. O filho está bêbado, drogado, delirando, vomitando e sujo. O pai o ampara; leva-o para dentro de casa; tira sua roupa; ajuda-o a tomar um banho e coloca-o na cama. Prepara um chá e quando retorna o jovem já dorme, mesmo se ainda um pouco agitado. O pai o contempla e, antes de se retirar, diz:

– *Este é meu filho amado, em quem encontro minha alegria! Amanhã, com calma, eu vou escutá-lo.*

A filha adolescente engravidou. Apesar de todos os avisos, as orientações e os cuidados maternos e paternos. Ela sabia dos riscos. A relação com o namorado não suportou esse evento, não desejado. Desesperada, ela agride os pais ao dar a notícia. Como se a culpa fosse deles. Diz palavras inimagináveis. Dá um escândalo. Sai da sala desesperada, derrubando objetos. Ela grita e chora. Bate violentamente a porta e se tranca em seu quarto. E a mãe olha para esposo e diz:

– *Essa é minha filha amada, em quem encontro minha alegria! Estarei à sua escuta.*

O filho toma o carro do pai sem autorização. Sofre um acidente de madrugada junto com amigos. Um deles é vitimado e morre. O outro e o filho são hospitalizados com ferimentos e politraumatismos. O pai fica ao lado do filho acidentado, inconsciente, ligado a aparelhos. Na infindável noite dos hospitais, ruidosa e cheia de luzes, alguém entra no quarto e pergunta quem é aquele jovem. O pai responde:

– *Ele é meu filho amado, em quem encontro minha alegria! Estou aqui para escutá-lo.*

Primeiro foi a prisão, depois o julgamento iníquo e a humilhação diante da multidão. Logo veio a tortura e o martírio público. Um sofrimento raramente visto. Esse jovem, massacrado, foi abandonado por todos e crucificado entre malfeitores. Sobre sua cabeça ensanguentada haviam enterrado uma coroa de espinhos. Ele morreu em grande dor. Um soldado vazou seu lado direito com uma lança. Deus o contemplava do alto, como no dia de seu batismo e de sua transfiguração. No entardecer daquela sexta-feira, véspera de Páscoa, Deus também falou. Ninguém ouviu:

– *Esse é meu filho amado, em quem encontro minha alegria! Escutai-o!*

Essa é a mensagem a ser repetida sempre, sempre e sempre, por todo pai e por toda mãe, diante dos melhores e piores momentos vividos por seus filhos e filhas, especialmente os jovens e adolescentes. A solidariedade na corrente de gerações, entre pais e filhos, entre ascendentes e descendentes, constrói-se no amor, sem cobranças ou condicionantes.

Todo jovem aspira a uma ascensão na vida: material, educacional profissional, econômica, social etc. É justo. Subir na vida. Para ascender é preciso respeitar, honrar e reconhecer os ascendentes. Aqueles que os antecederam na corrente das gerações. Se a mensagem evangélica do "filho amado" autoriza os jovens a ser e viver, também os convida a tomar a sério e em suas próprias mãos as suas vidas e seus ascendentes. Para um jovem viver com responsabilidade – em relação a si mesmo e a seus próximos, principalmente os mais frágeis – é preciso ser autônomo e até independente. A busca do crescimento, da fraternidade e de uma vida amorosa, mesmo se marcada por eventos difíceis e até trágicos, dá direito a todos, ascendentes e descendentes, a ter voz e vez.

O FILHO BEM-AMADO

E eis que uma voz vinda dos céus diz:
– *Este é o meu Filho, meu amado, em quem me comprazo.*
Mt 3,17

E dos céus vem uma voz:
– *Tu és o meu Filho bem-amado, de ti eu me agrado!*
Mc 1,11

E uma voz vem do céu:
– *És meu Filho. Eu, hoje, te gerei.*
Lc 3,22

E eis que da nuvem uma voz diz:
– *Este é o meu Filho, meu amado,*
em quem me comprazo. Escutai-o!
Mt 17,5

E assim, vinda da nuvem, uma voz diz:
– *Este é o meu Filho bem-amado. Escutai-o!*
Mc 9,7

E uma voz fez-se ouvir da nuvem. Ela diz:
– *Eis meu Filho, eleito. Escutai-o!*
Lc 9,35

Ele morreu jovem

Ideias para os jovens é o que não falta. Os mais diversos pensamentos e caminhos filosóficos, místicos e religiosos são oferecidos em rede, *on line*. Um verdadeiro tsunami de experiências espirituais é oferecido aos jovens. Até religiões sem Deus. Qual a especificidade do cristianismo? Jesus não foi apenas um mestre a mais? No que o cristianismo é diferente de outros caminhos? Todos não levam a Deus?

A especificidade cristã é difícil de ser compreendida por judeus, muçulmanos e budistas. E também por adeptos de outras religiões e ateus. A incompreensão pela mídia, então, melhor nem comentar. Tornou-se politicamente correto afirmar: todas as religiões levam a Deus e seus mestres equivalem-se. Essa afirmação é um preconceito indefensável, mesmo se politicamente correta.

As diferenças entre os caminhos religiosos são enormes. Basta um mínimo de olhar histórico para constatá-las. Sem confrontar aqui as diferentes doutrinas e valores das religiões e suas perspectivas, vale destacar um aspecto, apenas um, uma grande diferença entre o cristianismo e as outras religiões: o seu fundador, Jesus, morreu jovem.

Uma enorme diferença entre as tradições religiosas é a vida de seus fundadores. Moisés, Buda, Maomé e Confúcio faleceram com idade respeitável. Após uma vida de conquistas e realizações, eles morreram cercados e admirados por seus discípulos e sucessores. Eles encerraram suas vidas, repletos de dias. Assim também ocorre no Antigo Testamento com os patriarcas de Israel: eles morrem após muitos anos de venturas e aventuras.

Até o fim, a existência desses fundadores foi cercada de esposa, filhos, amigos e até de um harém; como o Profeta Maomé, falecido nos braços de sua esposa bem-amada. Não foi assim com Jesus, o filho do carpinteiro de Nazaré. Jesus morreu jovem e celibatário, após uma atividade extremamente curta, de no máximo três anos e possivelmente de apenas alguns meses.

Jesus morreu só, negado por seus discípulos, ofendido e amaldiçoado por seus adversários e, aparentemente, abandonado por Deus. Entre suas últimas palavras, levado à exaustão, Jesus murmura um Salmo (22,1): *Meu Deus, meu Deus, por que me abandonaste?* Ele foi condenado ao mais horroroso e odioso dos suplícios: a cruz. Um fracasso. Mais um crucificado, entre os milhares levados a esse suplício pelo Império Romano.

Assim morreu martirizado mais um jovem rabi de Israel, há cerca de 2.000 anos. Assim apresenta-nos Jesus o Evangelho de Marcos. No começo ele era um *simples homem*. Mais adiante, ele é *um homem eleito por Deus acima de toda criatura*, nos dizeres de Paulo apóstolo. Depois, Jesus é apresentado como *filho do homem, filho de Davi*. Afinal, ele é proclamado *filho de Deus*. Bem mais tarde, no Evangelho de João, Jesus se torna o *Verbo encarnado*. Essa afirmação marcará profundamente o desenvolvimento do cristianismo e, em particular, a fé na ressurreição.

Segundo os evangelhos, o centurião romano, diante da morte de Jesus sobre a cruz, não o trata como o filho de um homem, mas sim como o filho de Deus: – *Esse homem era verdadeiramente o filho de Deus!* (Mt 27,54). Aqui reside uma segunda diferença do cristianismo em relação a outras religiões. Esse título, *Filho de Deus*, nunca foi atribuído a nenhum fundador de nenhuma das grandes religiões, apesar da sabedoria, da iluminação e da santidade de seus mensageiros entre os homens. Só a Jesus.

Jesus e o cristianismo receberam uma herança particularmente viva e verdadeira: a tradição de Israel. E foi graças ao fervor recebido dessa tradição espiritual judaica que Jesus a criticou. Não apenas como fez seu primo João Batista ou ainda outros movimentos religiosos e sociológicos de seu tempo. Jesus criticou a tradição espiritual judaica num sentido muito mais profundo.

Ele afirmou: a Lei não é suficiente para dizer e ditar ao homem tudo o que deve fazer para tornar-se ele mesmo. Essa crítica tão profunda levou-o rapidamente a ser condenado e eliminado. Ao fim de poucos meses de vida pública, a fidelidade profunda às suas exigências espirituais, à sua vida interior, o levou a um desastre. Através dessa porta estreita do fracasso, um fracasso humano, manifestou-se uma fecundidade infinita da qual somos os herdeiros.

Ser herdeiros e discípulos de Jesus significa estar constantemente à escuta da palavra da Boa-nova, não apenas no nível exegético ou histórico, interpretada segundo as ciências humanas, mas à luz da própria vida espiritual de cada um. Sem vida espiritual não existe herança, nem discipulado. Aqui reside uma terceira grande diferença entre a tradição espiritual cristã e outras tradições religiosas. Talvez a mais sutil. De certa forma, é necessário viver a vida de discípulo cristão antes de compreender, exatamente, no que isso consiste. Não bastam a doutrina, o magistério, a ortodoxia ou os ensinamentos de mestres e santos. É necessário viver.

Pelo mundo inteiro, a fecundidade da vida humana de Jesus ajudou e ajuda jovens diferentes, em tempos e lugares distintos, em universos mentais e culturais divergentes e até incompatíveis, a tomar consciência pessoalmente dessa realidade fundamental: sem vida espiritual não existe herança, nem discipulado. Ela está no coração de cada um, de cada jovem, qualquer que seja sua cor, seu país, sua raça, sua orientação sexual, sua história ou sua religião.

Paradoxalmente, nisso reside a universalidade da Igreja. O universalismo, a catolicidade, preserva e exalta a identidade, a diferenciação e a alteridade de cada pessoa humana. Individualidade irredutível a ser vivida num todo (*ηολοσ*), holístico, num catolicismo (*κα–τ-ηολικόσ* = universal). Maior do que a soma das partes, ele a transcende. A Igreja Católica deveria sempre prefigurar a unidade na diversidade, bem além de qualquer proselitismo ou rigidez doutrinária.

A Igreja ajuda seus membros a serem discípulos. Ela não é um fim em si mesma. A Igreja não é o reino anunciado por Jesus. Quem absolutiza a Igreja, de certa forma a idolatra. A Igreja é necessária, mas não é suficiente. Como no tempo de Paulo, a Lei era necessária, mas não era suficiente. Existe uma maneira de abusar da Lei: colocar-se atrás dela para se proteger das exigências interiores que nos são próprias. Como aponta Marcel Légaut, não podem existir maneiras de ser "fiel" à Igreja que levem alguém a deixar de ser um verdadeiro discípulo, fiel às suas exigências interiores e espirituais mais profundas.

No mundo moderno, a questão não é tanto a de crer em Deus, mas de ainda acreditar no homem. Jesus pode ter um papel central na vida de um jovem, pelo que ele viveu humanamente. Ele nos abre sobre aquilo que, como ele, nós também temos de viver, de um modo completamente diferente e fundamentalmente semelhante. Viver para ser.

Ser discípulo de Jesus implica criticar e ultrapassar a herança religiosa recebida, à luz da própria vida espiritual. A vida interior é um caminho de liberdade de ser e agir. Na fidelidade e na permanência. Para os jovens, é a possibilidade de ser totalmente si mesmos. Essa liberdade é atingida quando somos capazes de ser totalmente aquilo que era potencial em nossa humanidade. Trata-se de uma lenta maturação. De um caminho de fidelidade e de fé.

A história do cristianismo, de seus homens e mulheres, jovens e adultos, santos e santas, é como uma arca de tesouros para iluminar, inspirar, embelezar e confirmar essa maturação. Não pode ser um quarto escuro, onde as crianças tenham medo de ir brincar. Essa história convida o curioso, interpela o pensador, recompensa o buscador e pode inspirar o apático. Seu personagem central viveu e morreu jovem. Vale a visita. Vale a curiosidade. Não é um quartinho. É uma casa avarandada, cheia de portas e passagens.

Jovem, não assuma o preconceito religioso que pode sentir pesando sobre você! Busque. Em lugares improváveis. Vá aonde o Espírito conduzir. Por Ele, e só por Ele, os jovens assumem seu nome, sua vez e sua voz. – *Se permaneceis na minha palavra, sois na verdade meus discípulos. Conhecereis a verdade e a verdade vos tornará livres* (Jo 8,31-32). Palavras de vida de um jovem Mestre.

Referências

BALMARY, M. *Le sacrifice interdit* – Freud et la Bible. Paris: Grasset, 1986.

BERGER, K. *As formas literárias do Novo Testamento*. São Paulo: Loyola, 1998.

Bíblia Teb – Tradução Ecumênica. São Paulo: Loyola, 1994.

BIRNBAUM, P. *A Book of Jewish Concepts*. Nova York: Hebrew, 1975.

CHOURAQUI, A. *A Bíblia*. Rio de Janeiro: Imago, 1996.

Chumash: Bíblia – Com comentários de Rashi. São Paulo: Trejger, 1993.

COMISSÃO TEOLÓGICA INTERNACIONAL. *Memória e reconciliação* – A Igreja e as culpas do passado. 2. ed. São Paulo: Loyola.

FREYNE, S. *A Galileia, Jesus e os evangelhos*. São Paulo: Loyola, 1996.

HABERMAS, J. & RATZINGER, J. *Dialética da secularização*. Aparecida: Ideias & Letras, 2007.

HOUAISS, A. & VILLAR, M.S. *Dicionário Houaiss da Língua Portuguesa*. Rio de Janeiro: Objetiva, 2001.

JOÃO PAULO II. *Homem e mulher os criou*. Bauru: Edusc, 2005.

JUNG, C.G. *Psicologia e alquimia*. Petrópolis: Vozes, 1994.

LEGAULT, M. *Intériorité et engagement*. Paris: Aubier, 1977.

______. *Vivre por être*. Paris: Aubier, 1974.

LELOUP, J.-Y. *L'Evangile de Thomas*. Paris: Albin Michel, 1986.

LIÉBAERT, J. *Os Padres da Igreja*. Vols. 1 e 2. São Paulo: Loyola, 2000.

MIRANDA, E.E. *Corpo*: território do Sagrado. São Paulo: Loyola, 2000.

MIRANDA, E.E. & MALCA, J.M.S. *Sábios fariseus* – Reparar uma injustiça. São Paulo: Loyola, 2001.

Novum Testamentum – Graece et latine. Roma: Sumptibus Pontificii Instituti Biblici, 1951.

TERESA DO MENINO JESUS E DA SAGRADA FACE. *Obras completas*. São Paulo: Loyola, 1997.

Não acabou?
Não. Ainda não.

Quem é o mais poderoso?

Durante a Idade Média, verdadeira primavera da humanidade, houve um monge muito sábio. Era místico, conselheiro de reis, famoso por sua sagacidade e respostas rápidas às questões mais difíceis.

Certo dia, seu rei – que gostava de testá-lo – perguntou-lhe abruptamente: *Qual dos dois é mais poderoso: eu ou Deus?* O monge sem hesitar respondeu: *Vossa Majestade!* O rei ficou surpreso, notou um aparente descuido do monge. E disse-lhe que ele havia cometido um grande equívoco.

O monge reiterou: não havia dúvida possível. Entre Deus e o rei, o mais poderoso era o monarca. O rei, beirando a indignação, quis saber no que ele – mortal limitado, enfermo e envelhecido – era mais poderoso do que Deus.

O monge respondeu serenamente com uma indagação: – *Quando alguém em seus domínios transgride uma lei, comete um crime, desrespeita sua autoridade e ofende seu nome, Vossa Majestade pode expulsá-lo do seu reino?*

O rei confirmou: – *É claro que eu posso!* O monge prosseguiu: – *Deus não, Deus não pode fazê-lo. Não há exclusão no Reino do Senhor.*

Jesus, o anúncio vivo, o fruto da Anunciação, tem um anúncio a fazer. Ele tem uma boa-nova para anunciar: O *reino aproximou-se!* Para Jesus, não se tratava de uma realidade espacial. Ele mesmo explicou: muitos dirão que o reino está aqui ou ali, mas ele não está em lugar nenhum e está em toda parte. Também não se tratava de uma realidade temporal, no sentido de um além, de um futuro remoto, de algo para depois da morte ou do fim. Seria muito desagradável e um reino assim cheiraria cadáver.

O Reino dos Céus está próximo, pertinho. Ele está dentro de nós. Essa é a sua anunciação. Os jovens estão grávidos do Reino de Deus. O reino aproximou-se. Esperamos o Reino dos Céus. Não como encomenda pelo correio. As mulheres sabem o sentido de "esperar" um filho. Não se trata de espera passiva. É preciso cuidar, alimentar, acalentar, amar, fazer crescer. Não cabe exclusão no reino do amor.